社会主义核心价值体系建设

"双百"出版工程

项 目

/ **100** 位

新中国成立以来感动中国人物/

叶 欣

黄浩苑等/编著

★

吉林出版集团｜吉林文史出版社

前 言

　　每个人的心中都多少有一点英雄情结，都向往英雄、景仰英雄。也正因此，在中华人民共和国建国六十周年之际，由中央十一部委联合组织开展的"100位为新中国成立作出突出贡献的英雄模范人物和100位新中国成立以来感动中国人物"的评选活动中，群众参与投票总数近一亿。这其中的每一张选票，都表达了人们对英雄模范的崇敬之情，寄托着对伟大祖国的美好祝福。

　　一个民族不能没有英雄，否则这个民族就不会强大。当国家危难之时，懦弱者选择了逃避、妥协甚至投降，英雄们却挺身而出，用热血捍卫民族的尊严，人民的幸福。在创立和建设新中国的伟大历程中，涌现出无数可歌可泣的英雄模范人物。他们之中，有为了民族独立和人民解放而英勇牺牲的革命先烈，有为了党和人民的事业而不懈奋斗的优秀共产党员，有在全民族抗战中顽强奋战、为国捐躯的爱国将士，有英勇杀敌的战斗英雄和革命群众，有积极从事进步活动的著名民主爱国人士和国际友人……他们是民族的脊梁、祖国的骄傲，是激励全体人民团结奋斗的精神力量。

　　《100位新中国成立以来感动中国人物》丛书，就像一部星光璀璨的英雄谱，真实、完整地记录了英雄模范人物不平凡的一生，再现了他们非凡的人格魅力和精神世界。舍身堵枪眼的黄继光，拼命也要拿下大油田的王进喜，中国原子弹之父邓稼先，新时期领导干部的楷模孔繁森……一串串闪光的名字，一个个动人的故事，犹如群星闪烁，光耀中华。

　　当今中国正处于伟大变革的时代，迫切需要涌现出一大批勇于承担历史使命、为祖国和人民奉献一切的先进人物。在"双百"人物崇高精神的引领下，在建设社会主义现代化国家的征程中，必将英雄辈出。

生平简介

叶欣（1956-2003），女，汉族，广东省徐闻县人，中共党员。1972年参加工作，生前系广东省中医院二沙岛分院急诊科护士长。

叶欣爱岗敬业，忠于职守，在急诊科工作20年，总是一马当先，冲锋在前。2003年春节前后，"非典"开始在广州一些地区流行，叶欣所在的广东省中医院二沙岛分院担负了接诊"非典"患者的任务。面对具有强烈传染性的"非典"患者，面对死神的挑战，作为急诊科护士长，她周密筹划，冷静部署，始终坚持亲临现场，战斗在第一线，使整个护理工作有条不紊地进行。每当有疑似或者确诊的病人送来，叶欣总是冲在最前面。最艰难的工作争着干，最危险的活抢着做。为了减少其他人的感染机会，她几乎包揽了检查、抢救、治疗和护理工作，她一次次临危不惧，冒着生命危险抢救患者，一次次把危重病人从死亡线上拉了回来。2003年3月4日中午，叶欣开始出现发热症状，被确诊染上了非典型肺炎，后因抢救无效于3月25日凌晨逝世，年仅47岁。

叶欣是无数抗击"非典"战斗英雄中的杰出代表，是我国应对重大突发事件中医疗卫生战线涌现出的一面旗帜。她被追授为全国优秀共产党员，追认为革命烈士，荣获白求恩奖章、国际南丁格尔奖章。

1956-2003

[YEXIN]

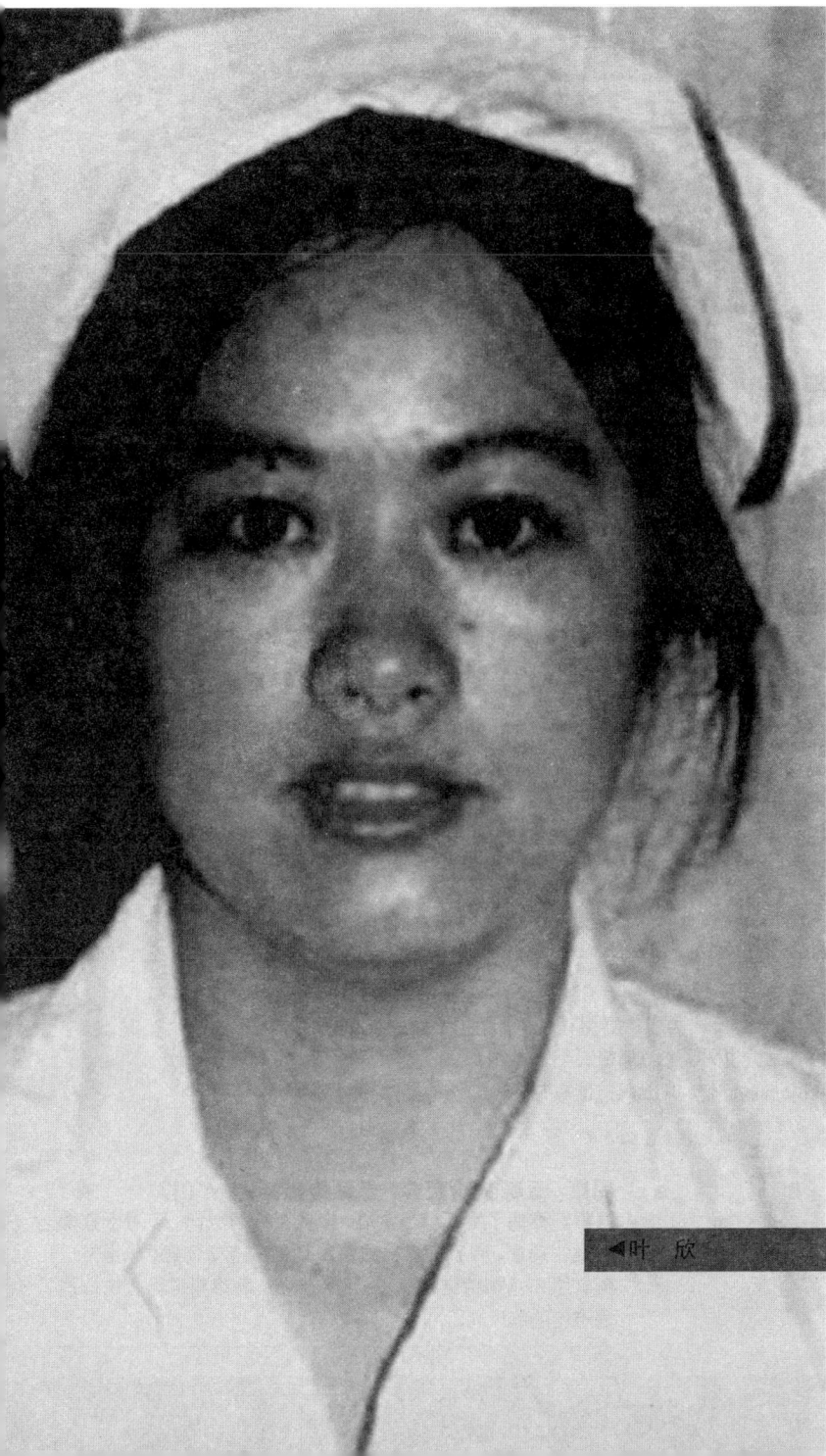

◀叶 欣

目 录 MULU

她在岗位上（代序）

新华社记者 黄浩苑

题记：二战期间，在苏德战场上，不幸被捕的女中学生卓娅面对敌人毫无惧意。德军质问她："斯大林在哪儿？""他在岗位上。"卓娅的回答鼓舞了万千为保家卫国浴血奋战的苏联人民。这样一句赞誉领袖的话用于叶欣，并非高估，它恰如其分地为一位平凡医者的一生做出了诠释。虽然叶欣已经离去，但她依然守在岗位上，激励着她的同伴投身于救死扶伤的事业。

2003 年的春天，这原本喜庆的日子却迎来了意想不到的噩梦，不明病因的非典型肺炎在广州暴发。这个高传染率和高致死率的不明病毒让整个中国陷入阴霾，它夺去了许多人的生命，并急速扩散。在这场与死神较量的战斗中，广东省中医院二沙岛分院急诊科护士长叶欣，在抢救病人的过程中不幸受到传染，遗憾地离开了这个她深深爱着的世界。

流逝的岁月总会消磨我们的记忆，许多细碎的日子、人物和事件都会被慢慢遗忘，但有些人却镌刻在我们的心扉。虽然他们只是那惊心动魄的"非典"抗击战里千百万人中的一个，但每当记忆的闸门訇然开启，他们都在记忆里闪烁着不灭的光芒。

人们不会忘记，叶欣，南丁格尔奖章的获得者，全国优秀共产党员。2003年，因抗击"非典"英勇殉职。

2003年3月23日下午——在抗击"非典"的那段战云密布的日子中，这只是一个普通的下午，可是广东省中医院却绷紧了神经，副院长罗云坚正紧张地主持着抢救工作。在抢救过程中，院长吕玉波来了，呼吸研究所所长陈荣昌来了，大家齐心协力投入到抢救队伍中。而在病床上接受抢救的是一位特殊的病人——广东省中医院二沙岛分院急诊科护士长叶欣。

白衣天使

→ "这里危险，让我来吧"

★★★★★

"这里危险，让我来吧！"

这是叶欣在抗击"非典"斗争中留下的平凡却最为感人的一句话。广东省中医院是广州地区最早收治当地居民中的"非典"病人的医院，该院大德路总院急诊科在 2003 年 1 月 7 日收治了一名持续高烧、呼吸衰竭的患者，从此，省中医院开始了与疫情、与"非典"病毒的战斗，而全院医护人员也开始面对随时可能被病毒危及生命安全的严峻考验。

抗击"非典"这场战斗打响后，叶欣就默默地把最危险、最困难的工作留给自己。当遇到急危重症"非典"病人时，她与急诊科主任张忠德一起尽量包揽病人的检查、抢救、治疗、护理工作，自己冲锋在前，而把其他的护士挡在身后，有时甚至把自己的同事毫不留情地关在门外，不让或少让同事受病毒感染。

"我已经给这个病人探过体温、听过肺、吸了痰，你们就别进去了，尽量减少感染的机会。"在迎战"非典"的日子里，叶欣对青年护士的关爱让众多的姐妹落泪。一句句朴实的话语，一个个舍身忘我的举动，在死亡的威胁下，叶欣毫不畏惧地迎上前。那是叶欣无悔的生死抉择，也是一个共产党员在救死扶伤过程中的英雄气概。

与"非典"病毒的斗争，不仅需要医护人员不怕困难、无畏生死的勇气，而且这场斗争更需要医护人员精益求精的业务素质。随着"非典"患者的急剧增多，救治工作的强度也随之不断增加。面对数倍的工作量，作为急诊科护士团队的首领，叶欣严格细致地领导着同事们做好隔离措施和营养措施。

每天上班时，叶欣所做的第一件事，就是亲自打来开水，拿来预防药，亲眼看着同事们把药吃下去，防止"非典"病毒感染科室的医护人员。她总是苦口婆心地提醒大家做好各项隔离措施，从医生到护工一个不落。同事们形容说，叶欣"检查的严谨和认真几乎到了吹毛求疵的地步"。

抵御"非典"，自身的体质和抵抗力很重要，在如此工作强度下如何增强医护人员的抵抗力也是叶欣劳心的事情。每天晚上，无论下班有多晚，她都不会忘记给同事们煲一份老火汤，有时是冬虫草，有时是西洋参，叶欣想方设法给同事们补充营养，提高大家抵御病毒的能力。

叶欣作为急诊科的护士长和老将，在救治"非典"病人的工作中起到举足轻重的作用。那时，急诊科曾经接诊一位疑似"非典"的患者黄先生。患者原有冠心病史，就诊时病情急剧恶化，呼吸困难，烦躁不安，面色紫绀，出现心力衰竭和呼吸衰竭症状。面对困难，叶欣娴熟老练地将病床摇高，使患者处于半坐卧位、面罩吸氧状态，然后，她接上床边的心电图、血压血氧饱和度检测，打开抢救治疗车的急救药品。

在叶欣的指挥下，及时有效的抢救工作迅速展开，静脉注射强心药、血管活性药、呼吸兴奋药，监测心率、血压、呼吸、血氧饱和度……10分钟、20分钟、30分钟过去了，叶欣一直守护在黄先生床边，直到他脸色逐渐恢复红润，情绪逐渐平静下来，而叶欣却累得全身疲惫，脸色苍白。

不过，叶欣仍然没有从工作岗位上撤下来，她为了缓和病人紧张的情绪，用温暖的笑容和亲切的声音一直陪伴着病人，这一切的精神安抚，对处于痛苦、焦虑、恐慌以至有点绝望的黄先生来说，简直如雪中送炭，这是对他何等深切的生命关怀啊！两小时后，黄先生终于脱离了危险，我们的叶护士长不顾疲劳，又投入到另一场抢救中，紧急救治从外科转来的高烧不退的梁先生……

在与"非典"疫情搏斗的日子里，同事们形容，叶欣就像一台永不疲倦的机器，全速运转，直到倒下的那一刻……面对如此高风险、高强度的工作，明知自己与"非典"病人近距离和频繁接触会增加染病危险，明知自己几乎不眠不休地工作会大大降低身体防御病毒感染的抵抗力，但叶欣毅然挑起了急诊科对"非典"病人护理工作的大梁，她竟然如此地义无反顾！

然而，由于"非典"病毒的传染性大小和预防措施是当时医学界所未能完全掌握的，因此，近距离接触"非典"患者的一些医护人员也未能幸免于被"非典"病毒的感染。省中医院作为最早接诊"非典"患者的医院，也同样成为广州地区最早有医护人员染病倒下的医院。

→ "不要靠近我，会传染"

★★★★★

2003 年 2 月 24 日上午，一位怀疑是肠梗阻的急腹症患者来到省中医院急诊，患者最终被确诊为非典型肺炎。叶欣立刻率领护士，与专家组的成员迅速对这位病人展开了抢救工作。经过争分夺秒的抢救，患者的病情终于稳定下来，医护人员成功把他从死亡线上拉了回来。但是，"非典"病毒已悄悄侵入连续在一线奋战多天而导致体质极度虚弱的叶欣的身体。

3 月 4 日清晨，叶欣仍然像往常一样开始了一天紧张的工作，虽然她早已身感疲倦不适，但仍然咬着牙坚持在岗位上。忙了一上午，叶欣水没喝一口，饭也没有吃，极度疲倦的她开始出现发热症状，不得不到病房隔离观察，不久，她被确诊为患上非典型肺炎。在接受治疗的同时，叶欣却仍然牵挂着科室里的几个危重病人，牵挂着坚守在抗击疫情第一线的同事们。

当院领导来探望她时，叶欣首先说的不是如何治疗自己的疾病，倾诉自己的病痛，而是责怪自己不慎染病，不得不从火线上撤退下来。虽然躺在病床上，叶欣还是记挂着几个危重病人。她通过呼叫仪询问："重症监护室9床上呼吸机后，血氧饱和度上去没有？下午每隔2小时的吸痰量多不多？""7床的每小时尿量有多少？危重病人可要按时翻身并做好皮肤、口腔护理哦！"急诊科的护士们听到这微弱但亲切的声音，都哽咽了，护士长心里装着病人，装着同事，却没有装着自己！她如此严格细致地要求同事做好隔离措施，她却把最危险的地方尽可能留给自己！她虽然病倒了，但她忙碌不停的身影仍然一直出现在护士们的眼前，和大家并肩作战。

叶欣虽然离开了急诊科的工作岗位，但她不仅以其奉献精神一直鼓舞着同事们继续全力投入抗击"非典"的斗争中，而且，在患病期间，直到住进重症监护室，不能表达意志的时刻止，叶欣一直保持着乐观向上、波澜不惊的心态，为稳定全院医护人员的士气发挥了作用。

吕玉波院长深深记得，当叶欣出现发烧症状而住进急诊室隔离观察时，他和罗云坚副院长等人去看望她，叶欣对他说："院长，我发烧了！"如此轻描淡写，语气就像一个孩子对疼爱自己的长辈轻松地诉说做错了事似的，她只是一个劲地检讨自己的不足，说自己给医院、领导添麻烦了。

第二天，叶欣被确诊而转入感染区后，吕玉波再次看望了她，她对院长说的第一句话是："院长，对不起，我中招了！"吕玉波看着叶欣由于高烧而通红的双颧，心如刀割，只能鼓励她一定要挺住。叶欣却反过来安慰院长说："院长放心，我会挺过来的，我很快就会上班！"

不幸的是，叶欣的病情越来越重，但为避免同事们在抗击"非典"的斗争中泄气，她从来没有向同事们埋怨过一句，甚至没有说一句自己有多痛苦！她仅仅向护士邓丽燕提出，想要几个橡皮筋把她的头发扎起来，因为汗出得太多了……

内行的人都清楚，这种忍耐需要多么坚强的意志！非典型肺炎的症状，能使病人受尽烈火焚烧般的折磨，一直处于39℃~40℃的高烧状态，神志不清，头痛难忍，浑身无力，胸口像压了大石头般呼吸困难。病愈的张忠德主任描述，患病时觉得就像被人硬按着头在水中，无法呼吸，动一动就喘个不停，他差点以为自己活不过来了。病愈后张忠德很久都看不清东西，站都站不稳。

但护士们没有听到叶欣的一句怨言，她只是默默地忍受着痛苦，依旧带着平日的乐观，面对同事和前来看

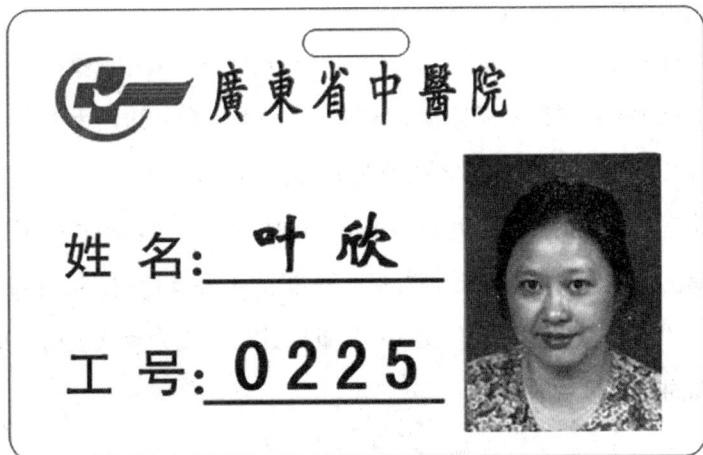

廣東省中醫院

姓　名：叶欣

工　号：0225

△ 叶欣的工作证

望她的领导们。要知道，当时的背景是，由于疫情的诡异和预防途径的不明朗，尽管防范措施不断升级，医护人员的口罩从戴一个发展到戴几个，隔离衣从穿一件发展到穿几件，鞋套和防护镜等装备也派上用场，但每当抢救危重病人尤其是插管时面对病人呛咳喷射出来的血性分泌物时，医护人员仍难免受到病毒感染。

无孔不入的病毒，总让人防不胜防，省中医院已有医务人员接二连三地染病倒下。连吕玉波院长也担心，恐惧的情绪会在医院职工中蔓延，医护人员士气的备受打击跟疫情的扩散同样可能导致抗击"非典"斗争的失败。

可是，叶欣的乐观、镇定与坚强，深深感染了前来抢救她的同事们，乃至于全院上下知情的医护人员。她的心就像阳光一样不断化解人们心中可能存有的恐惧与黑暗，就像那战场上不倒的大旗，历经无数次的疯狂扑击仍然屹立不倒，鼓舞着战友们打败"非典"疫情的决心。

"不要靠近我，会传染的。"在病床上的叶欣，曾不止一次地向探病和治疗她的人说过这句话。

吕玉波院长就清楚记得，他第一次到感染区看望已被确诊的叶欣时，叶欣一看院长要靠近她的床沿，就马上发急，边用手捂着已经戴着口罩的口鼻边大声叫："不要靠近我，会传染的！"后来随着病情加重，叶欣已不能说话，但她面对前来治疗的医生，仍急切示意护士递给她纸笔，她用颤抖的手艰难地在纸上写道："不要靠近我，会传染……"

"不要靠近我，会传染……"此言此语，成为叶欣生前对身边亲友和同事们最后的叮嘱。

→ 斯人已去，无尽哀思

★★★★★

　　参加抢救工作的广东省中医院肾内科副主任刘旭生回忆，从 3 月 4 日叶欣不幸染病时起，在抢救叶欣的殊死搏斗的 20 多天里，广东省中医院全院领导和职工都只有一个心愿，那就是：一定要把叶欣从病魔手中夺回来!

　　刘旭生说道，当他来到叶欣的病床前，看见她全身插满管子，"我的心在揪痛。这是曾经和我一同在二沙急诊科共同创业的护士长吗? 这是曾经与大家一同讨论如何让病人满意的护士长吗? 这是曾经和蔼可亲、关心、体贴每一位同事的护士长吗? 一定要让她醒过来! 一定要再见她的笑颜! 一定要再听到她爽朗的笑声! 这是治疗小组的成员共同下的决心"。

　　在叶欣病情急剧恶化后，医院专门成立了抢救叶欣的治疗专家小组。小组由吕玉波、罗云坚亲自挂帅，由呼吸、重症监护室、心脏、血液、麻醉、药剂、护理、检验、后勤科室的主任和精英组成。

正如对待其他患者和染病医护人员一样，吕玉波要求治疗小组用最好的治疗方法、手段和药物，不惜一切代价救治叶欣。在抢救叶欣的过程中，治疗小组全力以赴、齐心协力、精诚合作以至不畏牺牲，不仅是全院医护人员在抗击"非典"的严峻斗争中反映出来的白求恩精神和良好的团队精神的集中体现，而且寄托了全院医护人员对叶欣这位好护士长、好大姐、好战友深深的爱。

由于当时医学界对治疗"非典"的认识具有局限性等不可抗拒的原因，叶欣病情恶化的趋势没有得到扭转。23日下午，叶欣开始出现血氧下降、心律失常、血压下降症状，病情再度恶化，所有的医护人员无不揪紧了心。然而，一切的努力终究没能阻挡住病毒对叶欣的侵袭。

2003年3月25日凌晨1点30分，叶欣永远离开了她依依不舍的战斗岗位，也永远离开了她的亲人、战友和病人。看着叶欣护士长被病痛折磨得扭曲的脸，护士们哭了，医生们哭了，院长也哭了……那曾经熟悉的身影和笑容，只能成为人们永远的回忆……

"虽然给叶欣上了无创呼吸机，但是仍然不能阻止疾病的发展。"呼吸科主任林琳回忆道，"病情已经到了决定要不要插管的时候，所有的人都看着我。看到自己的同事到了要插管的那一步，我的心情真的十分沉重。但我知道这是非插不可的时候了，这是最后的希望。"作为一位呼吸科医生，林琳清楚地知道插管意味着叶欣距离死神只有一步的距离。

"但是，叶欣最终还是没有顶过来，第一次，我深深地痛哭了。看着平日一同工作的同事，倒在了自己工作的岗位上，目送着平日生龙活虎的一个人在疾病的摧残下走完了生命的全程，那种撕心的痛是无法用语言表达的。"在日后的回忆里，林琳仍旧无法忘怀那段感情。

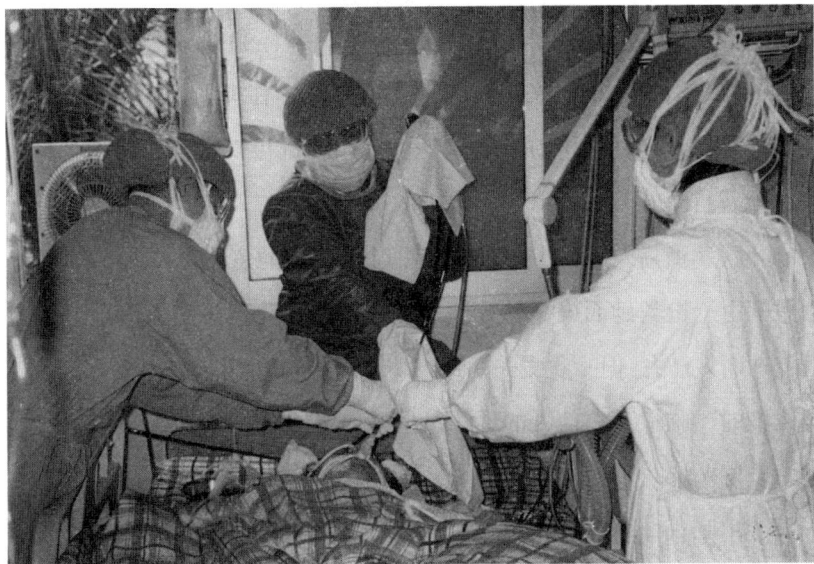

△ 抢救叶欣

　　叶欣最终还是走了，但抗击"非典"的战争没有结束。病魔夺去了医疗战线上一位战士的生命，但它并没有吓倒省中医院的医务工作者们。全院的职工仍然保持着心中的激情，没有因为叶欣的牺牲而退缩，没有放弃自己的职责。当时，共产党员、共青团员冲在最前面，不需要任何行政手段或经济待遇来动员，就有 100 多人主动报名去增援一线科室。而一线科室的职工更加忘我地奋战于与病毒交锋的最前线，对抗着冷酷的死神并从死神手中抢救一个个濒危的生命。

　　在林琳的文章里，我们读出了字里行间那深切的悲痛："当院长告诉我们'革命还没有结束，同志仍需努力'的时候，我第一次觉得我们的战斗为什么会这样的残酷，这样的凶猛，这样的激烈！在这个危险时期，我体会到那句名言'国家有难，匹夫有责'的含义，在国家危难之际，在捍卫生命的战斗中，不仅仅是我们，整个国家的科技、医务工作者都可以这样忘我地选择，这是连我自己也无法解释，无法想象……"

叶欣病逝后，她的丈夫张慎根据叶欣生前的意愿，要求代表叶欣去慰问由于抢救她而染病的医护人员，并把团省委赠送的慰问金转赠医院。斯人已去，但叶欣丈夫的这一举动，与她生前说的"不要靠近我，会传染的"临危不忘他人的话语，也是如出一辙，同样闪烁着叶欣人性的爱与光辉。

"出师未捷身先死，长使英雄泪满襟。"叶欣护士长虽然在抗击"非典"的斗争中倒下了，但其实她真的没有离去。她的战友都默默坚持着一个信念：一定要完成叶欣未竟的事业！冬天终究会逝去，不幸总会结束，一度布满神州大地的阴霾最后终于散去。在2003年5月，历经数月的艰难搏斗，广东终于迎来了这场没有硝烟却异常险恶的战斗的胜利，中国医务工作者以生命和健康换取了人民大众的平安，这一努力得到世界卫生组织的积极肯定。

每两年评选一次的南丁格尔奖章，是国际医学界对于护士最高的荣誉和褒奖。2003年5月12日，红十字国际委员会授予叶欣南丁格尔奖，而叶欣，则用她的生命，践行了南丁格尔的名言："在可怕的疾病与死亡中，我看到人性神圣英勇的升华。"

→ 同事：青春献给事业，无私传带新人

★★★★★

张忠德，2003 年时，正是广东省中医院二沙岛分院急诊科主任，他曾和叶欣一同并肩作战并同时受感染进入重症监护室。只是，张忠德幸运地逃脱了死神的魔爪，而叶欣却不幸离去。康复后的张忠德又回到了熟悉的岗位上，只是身边不再有叶欣。

"每天早上交班会，我都会悄悄地打开窗户，为的是让她能听得清楚些。'护士长，今天的交班规范吗？昨天我们的工作有哪些要改进的地方吗？'"每天交班完毕，张忠德总在心里念叨着。看着近在咫尺的叶欣护士长的雕像，张忠德觉得叶欣没有离去。

现在，二沙岛分院的护士们还是喜欢在叶欣的塑像前和可敬可爱的护士长说话。谁结婚了，谁生子了，谁的工作调动了……从生活中的琐事，到工作上的挫折与进步，护士们都来向护士长汇报。她们像从前一样信赖叶护士长，看着叶护士长温暖的面

容，忆念她温柔的微笑。

叶欣1956年出生于广东徐闻，其父母皆是医生，其外祖父也是医生，可谓医生世家。1974年叶欣考入广东省中医院"卫训队"学习，1976年毕业时因为品学兼优留院工作。1984年，叶欣因为业务能力突出，被提升为省中医院急诊科护士长，是该院最年轻的护士长。在分秒必争的急诊科，叶欣一干就是19年。这19年，叶欣都在与死神赛跑，抢夺生命的希望。

"从我来到省中医院起，我就听她讲洗胃、心肺复苏的课了。她是我们的老师。"护理部主任张广清回忆叶欣时说，"论学识，叶护士长是我们省中医院顶呱呱的一个。无论中医还是现代医学，理论基础还是技术操作，她的功底十分深厚。"

叶欣把年轻的护士都看成是自己的姐妹，竭尽全力地培养年轻人才。张广清说，在护理查房、临床带教时，叶欣从古到今，旁征博引。从口头讲述，到手把手地传帮带，叶欣从不厌烦。

张广清虽然职位比叶欣高，可是叶欣从来不会有"论资排辈"的思想，她依然把张广清当作自己的小妹，在工作上给予她鼎力的支持与帮助。对于这一点，张广清极为拜服，如果没有叶欣这样的前辈帮扶，她自己的工作是难以开展的。

叶欣在省中医院里是公认的注射高手，有一套精准的绝活。她对年轻护士没有保留，而是将自己的经验和心得一一传授，并且为年轻护士创造机会。静脉穿刺直接关系到患者的切肤之痛，在患者的眼里，静脉穿刺技术是直接衡量护士护理技术水平的标尺。医院规定，新来的护士要两人一组，给对方打针，互相练习穿刺技术。叶欣则让年轻护士在自己身上练习，给她们最直接的指导。

△ 叶欣塑像

"下针专挑手背、手指这些血管细又不容易找的地方练习，叶护士长又比较胖，她的血管更加难找，对年轻护士来说挑战很大，成长也很快，只是辛苦了叶护士长，毕竟穿刺很痛，扎不对又要重新来。"张广清于心不忍地说。她仍然记得自己巡房时遇到急诊的两个年轻小护士正在揉自己手上的针孔，张广清安慰她们说手上的针孔很多吧，没想到那两个小护士悄悄地说，叶护士长手上的洞洞更多……

叶欣让年轻护士在自己身上练习，不仅仅直接传授自己的穿刺心得，更重要的是，她给年轻护士增强了自信心。"叶欣让年轻护士在自己身上下针，这是对年轻人很大的鼓励，因为护士长信任她们。"张忠德赞叹道。叶欣用心为急诊科缔造了一个良好的团队氛围，年轻护士有挫折更有鼓励，成长得十分迅速。

叶欣除了业务技术熟练精巧之外，工作能力也十分突出和卓越。由于她认真负责的态度和出色的管理，她所在的急诊科成绩相当突出。叶欣除了积极配合科主任顺利完成各项工作任务之外，急诊科护士的业务水平不断提高。科室内小至纸张，大至贵重仪器都整理得井然有序。

"在质控办工作的那段时间，谁的病例没有写好，谁的操作没有练熟，叶欣都会记在心里。为了让年轻护士尽快成长起来，叶欣从严要求每一个护士。她的作风就是踏踏实实。"作为护理部主任，张广清对叶欣的工作给予了肯定。

一丝不苟的严厉是所有同事对叶欣在工作上的评价。接任叶欣出任二沙分院急诊科护士长的陈惠超说，自己刚进急诊科时一见到叶欣就紧张，因为叶欣是出名的严格。叶欣在平时就会冷不丁地抽查护士们的专业技术。或者是提问，有时候是模拟一个场景让护士们现场紧急处理。这对护士们对设备的熟悉和病情的处理提出很高的要求，设备放在哪里、该怎么用，在叶欣的鞭策下，护士们对工作了然于心。

陈惠超犹记叶欣监考时的情景。"'没穿袜子扣一分，棉签倒拿扣一分'，叶护士长的话我现在还记得。85分才及格，这扣分扣得我心都痛了。"直到现在，再热的天陈惠超也不敢不穿袜子，棉签也决不会倒拿。陈惠超说刚开始觉得叶欣很凶，想不明白为什么要这么凶。现在自己做了护士长，才慢慢理解了叶欣。

对于一个年轻护士来说，头一两年的确要从严要求。有人认为对新人应该多点宽容和耐性，事实发现，放松只会养成许多坏习惯，这更不利于年轻护士的成长。在与死神争夺生机的急诊科，更不容许护士的疏忽和懈怠。叶欣是本着对生命负责，对年轻护士负责的态度硬下了心肠。

在生活中，叶欣是一个能融入同事中，不拘小节乐观开朗的人。陈惠超说，叶护士长进医院工作那年自己刚出生，辈分上叶护士长也是妈妈级的人了，可是在生活中大家从来没有距离感，出去玩的时候叶护士长就和我们这些年轻人没有什么两样，感觉没有代沟。

在同事们的眼中，叶欣的生活十分简朴，是一个严格要求自己，慷慨对待他人的人。这些年轻的护士就直言不讳地"批评"叶欣。"我们直接批评叶护士长穿得'难看'，本来也是个美女呀，都不好好打扮一下。叶护士长总是笑眯眯地听，老说自己够漂亮的了。"陈惠超回忆与叶欣的往事，脸上挂着微笑。"她常常是一件花衣裳，一条黑裤子，对自己很苛刻，有时中午从家里带一点前一日剩下的饭菜也可以应付一餐。"张广清对叶欣的节俭也深有感触。

但是，叶欣对同事、对病人却十分周到贴心。同事们谁病了她都十分关心，掏钱买东西慰问。而对于家境困难的病患，叶欣多次出钱解决他们的吃饭问题，也常常送些衣服和食物给这些病友。直到现在，急诊科里仍有这样扶危济困的好风尚。见到病人有困难，急诊科的护士们都心照不宣，能帮则帮。她们像叶欣一样，经常留心病人的情况，关心病人的生活。

19 年来，叶欣不止一次把危险留给自己，把健康让给同事。她无私无畏，冲锋在前。在广东省中医院当了 19 年的急诊科护士长，无论是现场急救跳楼的垂危民工，还是带头护理艾滋病吸毒者，抑或是冒死抢救"非典"病人，叶欣从来没有瞻前顾后，自虑吉凶。

有一次，一个民工掉进了搅拌机，身体的绝大部分被搅得融融烂烂，用"血肉模糊"都难以形容当时的情景。这个民工在送往医院抢救的途中已经由于伤势过重，不治身亡。"当时许多护士都吓傻了，面对一团肉泥愣住了。叶护士长二话不说，冷静地处理尸体，迅速收拾干净。"陈惠超对叶欣身先士卒的干练作风钦佩不已。

"你们还小，这病危险！"年轻的小护士们常常感动于叶欣护士长的这句话，充满关爱。当有伤寒、霍乱、登革热、艾滋病等传染性患者前来急诊时，叶欣护士长常常抢在年轻护士的前面进行护理和救治。身先士卒，把困难和危险拦下，叶欣是如此地爱护后辈。

"她向来就是一个这样的人！"和叶欣一起读书，一起进广东省中医院，一起成为护士长的郭雪芳说。由于一起进"卫训班"学习，又住在同一个宿舍，郭雪芳对叶欣十分地了解和熟悉。在读书的时候，省中医院正在修建门诊楼和住院楼，"卫训班"的同学也经常帮忙扛水泥。"叶欣总说，让我来，这些粗重的活让我来，我从农村出来的不怕。"郭雪芳说，"其实叶欣的年纪在班里算小的，可她就是什么都很愿意干。"

在"卫训班"读书的日子里，周三和周日是同学们最向往的日子，

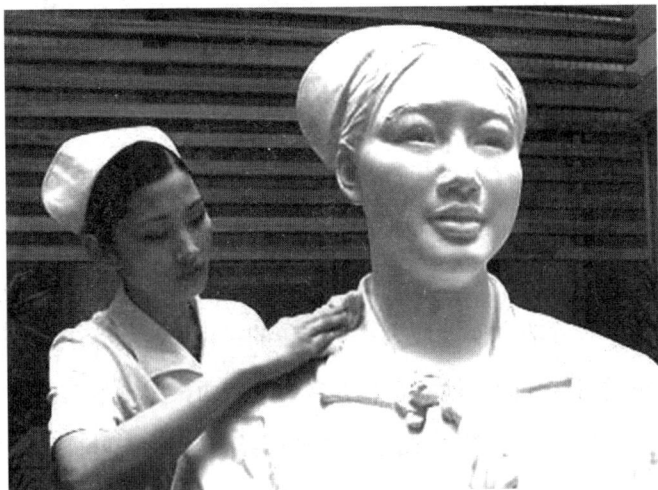

△ 缅怀叶欣

因为可以外出。可每当这时,叶欣总是拒绝朋友们的邀请,留在宿舍里读书。"我们出去玩,去买东西,叶欣总是不去,我们怎么劝她都不出去,我和她说老闷着读书会变成书呆子,她还是不去。有本书给她就是她最大的满足,读书对她来说是一件真正快乐的事。"郭雪芳感叹道。

由于对医护工作的热爱和钻研,叶欣的专业功底很扎实。"无论老师问什么问题,叶欣肯定知道。"郭雪芳乐着说,"我们都在祈祷老师不要问到自己,而叶欣从来都不会。"在解剖课上,叶欣总是钻到最前面去看,她的学习笔记十分清晰和生动。郭雪芳说,叶欣的笔记做得非常仔细,她自己配画上人体的九大系统图,把知识点串起来,生动易懂,同学们都喜欢看叶欣的笔记,帮助消化艰深的医理。

当年郭雪芳和叶欣一起来到广东罗定县人民医院和罗定妇幼保健院实习，无论当不当班，她们两人总喜欢在医院里多做一点事，多操练多学习。郭雪芳对叶欣和她半夜爬起来去看做手术印象很深，对叶欣对医护事业的执着追求和由衷热爱也十分敬佩。"在实习的时候，凡有做手术，只要能去的，叶欣都会去。有一个开颅手术从中午持续到半夜，叶欣也就在手术室里站着看到半夜，很痴迷。"郭雪芳说。

在进入广东省中医院成为一名真正的护士后，叶欣主动要求派往任务繁重的科室，因为她一心想着多学些东西。无论是在内科还是急诊科，叶欣都是在任务繁重的工作岗位上经受历练。叶欣的工作成绩十分突出，她是当时医院里最年轻的护士长，也是全院第一个主管护士。

虽然护士长做的是行政的工作，不用像护士那样排班，可叶欣仍然始终把自己护士的身份放在第一位，继续埋首在一个护士应尽的职责上。同事们对叶欣送危重病人回福建的这件事记忆犹新。一位福建籍危重病人坚持要回到老家，医院尊重病人的意愿派救护车送病人回福建。当时派的是另一名护士，可是叶欣觉得病人的情况太危险，还是自己看着会比较好，所以就随车出发了。

"当时的救护车可不像现在那么舒服，还只是一般的面包车。病人的情况也很危险，随时都要准备给他吸痰、补氧，稍有松懈都不行。这路上大概走了四天三夜，叶护士长要随时注意病人的生命体征，应该都没怎么睡觉。路上还要找卫生站给设备不断充电，非常折腾。叶护士长的腰椎颈椎和膝关节向来不好，这一趟出门她应该是强忍着疼痛。"陈惠超说。由于要赶回急诊室工作，叶欣自费买了飞机票赶回来。当回到医院时，叶欣累得话都没说，直接倒在床上睡着了。

当"非典"来袭，叶欣忙碌的身影几乎没有离开过一线，她时时刻刻关心着病人，密切关注病人的需求，无微不至，并准确快捷地配合抢救，精心护理病人。"病人的家属害怕传染退却了，但叶护士长却奋不顾身，帮病人喂食、擦身，给患者精神安慰和鼓励。她对病人的关怀照顾超过病人的亲人。"张广清动容地说。

叶欣的不幸去世，给医院带来了沉重的悲痛，院长吕玉波曾担心没有人愿意再上火线，去隔离室照顾"非典"病人。当时吕玉波做好了两手准备，一是用行政手段，派谁是谁，不服从调配的就要自谋出路；二则是经济手段，高待遇、高补贴，"重赏之下，必有勇夫"。可令吕玉波感动的是，医护人员没有退缩，他们接过叶欣的班，自觉自愿地去一线与具有高致死率的"非典"病毒做斗争。

第一个举手请缨的就是郭雪芳。"我没想那么多，就是想起了叶欣。她是我的同学，我俩熟，感情深。那是我该去做的。"郭雪芳淡淡地说，眼里泛出了泪花，就要退休的她想起叶欣的离去仍然悲痛，毕竟她和叶欣从少女时代就一起携手走来。

面对生死，人都有选择的权利。在死亡来临时，求生是人的本能。对生的渴望无可厚非，但是，在死亡面前仍是如此凛然无惧的人，该是值得人敬佩的。叶欣选择了这份职业，在生与死的临界中辛勤劳作，只为减轻病者的痛苦，给他们带来生的希望。但这往往需要付出生命的代价，叶欣早已将自己的生死置之度外，她的心里只有病人的安危。

冰心诗言："爱在左，同情在右，走在生命的两旁，随时撒种，随时开花，将这一径长途，点缀得香花弥漫，使穿枝拂叶的行人，踏着荆棘，不觉得痛苦，有泪可落，却不是悲凉。"叶欣将深深的爱与同情融入了她的工作，她倾尽所有努力去温暖受病者凄苦的心。是的，叶欣并不觉得痛苦，纵有泪可落，却不是悲凉。

➜ 家人：她是一个平凡的人

★★★★★

2003 年 6 月 19 日，广州中山纪念堂，久违的锣鼓喧天，群狮起舞，人们一派喜庆的神色。是啊，怎么能不喜庆呢！今天，广东省表彰在抗击非典战役中做出重大贡献的 736 个先进集体和 7964 个先进个人。我们并不仅是给那些在抗击"非典"中做出突出贡献的英雄们以赞扬，我们也是在庆祝风雨同舟共克时艰后迎来明媚的阳光。风雨如晦的日子终于过去，生命的复苏让人感到由衷的欣喜。

然而，欣喜之中却有丝丝难言的哀伤，叶欣的丈夫张慎的心就是沉甸甸的。在这场生死较量中，他失去了相濡以沫的妻子，这让他如何不悲伤。在表彰大会上，张慎强忍着几度欲落的泪水，那是妻子生命的勋章。会后，张慎第一时间赶到了省中医院二沙岛分院，将少先队员献上的鲜花放在叶欣塑像前。他长时间地站在那里，一动不动，注视着妻子温柔的目光。

　　"欣，这一仗我们终于胜利了！你生命的付出终于获得了回报。这束鲜花是党和人民献给你的，你可以安息了。我想，你在九泉之下听到我的话和看到今天的情景，一定会露出灿烂的笑容。可是，爱妻啊，你的笑靥我只能在梦中寻找了。"站在叶欣的雕像前，张慎默默地在心中叨念，妻子的目光温柔依旧，只是这咫尺远过天涯。

　　罗曼·罗兰曾这样定义英雄：所谓英雄，就是做到了自己力所能及的事情。在很多人的眼里，叶欣是英雄，她倒在抗击"非典"的战役上，付出了生命的代价。但是，在叶欣家人的眼里，她是一个平凡的女性，她只是做了她该做的事情。

　　"我始终认为，我和叶欣组成的家，是一个普通的市民家庭，而叶欣也是一个平凡的人，她习惯用常人的思维去面对这个世界和待人处事。她没有什么豪言壮语，但却有一颗善良的心。"张慎平静地表达着自己对妻子的看法，目光伸向远方。

　　"善良"，如此简单而质朴的词，却包含着万千深情与更动人心魄的人格力量。圣人有言："上善若水，而止于至善。"而叶欣就是以这般"善良"的心对待这个世界，至善而有大爱，她爱她的家，爱她的工作，爱她的战友，爱着受苦受难的病人。

　　在张慎的眼里，叶欣是一个勤劳的人。虽然婆家有保姆，可她只要回到婆家，就会帮忙做家务，并亲自护理高龄卧床、神志不清的老祖母。而在自己的家中，叶欣则包揽了所有的家务，买菜、做饭、搞卫生，全都打理得井井有条。"以前我只负责扛煤气，后来装了管道煤气后就几乎什么家务都不干了。"张慎说，"我连每个月水电费是多少钱，市场柴米油盐价是多少都不知道。"

叶欣是一名护士，人们对护士这个行业多少都会有所了解，她们做的事情很琐碎，职业的要求需要她们轮着值班，不固定的休息时间让她们总是很忙碌。和叶欣相守的22年里，张慎说除了结婚那年的春节叶欣是在家休婚假之外，其余21个春节叶欣都在医院值班。春节尚且如此，平时的忙碌更是可想而知。

尽管是如此的劳累和辛苦，叶欣对家里的事情从不因此而推托。除了生活上无微不至的照顾，叶欣尽全力支持丈夫的事业。张慎青少年时期是在"文革"中度过的，耽搁了十年的学习时间。虽然他当时已经在中国银行广东省分行工作，在外人的眼里这已经是一份相当稳定的工作了。可张慎深感知识的重要性，渴望有机会重返校园读书，提升自己。

"1985年，中国银行总行在武汉大学举办干部专修班，领导同意我参加全国成人高考报读。叶欣她全力支持。"张慎回忆道。由于报考人员很多，竞争十分激烈，张慎利用年休假在家复习。"当时儿子出水痘，不能上幼儿园，由于病痛在家又哭又闹。叶欣为了让我安心复习，包揽了所有的夜班，白天在家照顾儿子，晚上回医院上夜班。在她的全力支持下，我取得了本单位参考人员第一名的好成绩，顺利就读全国名校。"张慎的眼里满含深情。

回忆往事，张慎仍对那段日子感触很深，他说没有叶欣对他的理解和支持，就没有今天他在事业上的成绩。那两年的进修学习，不仅对张慎文化知识和业务水平有了很大的提升，而且，对他的事业发展有极大的帮助。这一切都因为有叶欣在背后默默地承担和付出。

作为丈夫，除了感激叶欣对家庭的付出之外，张慎对妻子也是由衷地敬佩。他说，叶欣对护士这份工作有着执着的爱。叶欣对工作一丝不苟、任劳任怨，长期的艰苦工作让她早已患上了颈椎、腰椎和膝关节等疾病，她常常要缠着护腰带、套上护膝、顶着头疼的痛苦去上班。但她从来没有抱怨过，也没有嫌弃过这份默默无闻的工作。每天叶欣总是笑嘻嘻地去上班，乐呵呵地回家。

叶欣是一个护士，而且是护士长，还是任务繁重的急诊科护士长，经常没日没夜地工作。张慎看到妻子这般劳累，担心她损害身体，于是就悄悄做了一个决定。"1986 年，我未与叶欣商量，为她找了一个又清闲又容易发展个人的岗位，对方单位也同意接收。我劝她趁年轻改行转业，不料被她一口拒绝。"张慎当时对妻子的态度其实还有些不解。

在妻子离去后，张慎才完全明白了妻子当初的行为。张慎说："在叶欣殉职以前，我虽然看到她对工作非常勤奋，组织纪律性很强，而且不畏艰险，但我认为这只是劳动者朴素的本能和共产党员的组织纪律性。但她殉职后，我看到了报道叶欣的通讯，说她在卫训班上的第一堂课，是唐代名医孙思邈的《大医精诚》，我才理解了叶欣的人生价值观。"

孙思邈在《大医精诚》中写道："凡大医治病，必当无欲无求，……誓愿普救含灵之苦。不得……瞻前顾后，自虑吉凶，护惜身命。……昼夜、寒暑、饥渴、疲劳，一心赴救。"叶欣正是由此出发，踏上了医者之路，并谨守先贤教诲，恪尽职守。

"这时，我才恍然大悟。原来叶欣在 27 年的护士生涯中，秉承了先辈'大医精诚'的风范，在抢救护理患者中，力求达到'无欲无求'的最高境界，并在这次抗击非典型肺炎的战斗中发挥得淋漓尽致。这就是叶欣的行为准则和人生价值观。"张慎说。他由衷地体会和理解妻子临危不惧，冒着生命危险抢救患者，把危险留给自己，把希望让给别人。这是叶欣对工作、对病患、对战友发自内心的爱啊。

"非典"的可怕，叶欣不是不知道，在"抗非"一线，叶欣已目睹了"非典"的毒性和猛烈。加倍繁忙地工作，加班加点成为常态，对于急诊科的护士长，叶欣的压力和强度更为巨大。身体的极度疲倦，受"非典"感染的危险也随之增大。叶欣没有逃避，更不会退缩，她选择了和她的战友们站在一起，选择了陪护在病人的身边，迎着危险上！

张慎说道："她每天上班，我都很揪心。这病毒的猖狂和危险，不但叶欣知道，连我也清楚地知道。我了解她的性格，什么工作最艰难，她抢着干，什么事情最危险，她抢着做。由于担心，不但家里有事我打电话给她，连下班到点她没有回家，我也打电话给她。可她常常不接听电话，只叫接电话的同事传话，说她在班上，没事，不要担心。"叶欣就是这样全身心地投入到抗击"非典"，抢救病患的工作中。

张慎仍然清清楚楚地记得叶欣和家人的最后道别。"那是一个星期五的下午，在家族聚会之后，叶欣对大家说，从明天起，她就不回大家庭来了，等疫情过去后再回来，以免把病毒传染给家人。"张慎说，叶欣交代儿子留在爷爷奶奶家住，并告诉大家，吃什么药预防，怎么在家里消毒。她说自己不知道什么时候回来，嘱咐儿子要照顾长者，叮嘱老人要注意防范病毒和保重身体等许多话。

"她虽然没有具体地说出当时心里想什么，但我听得出来，她是在做可能发生的最坏情况的准备。果然四天后，在3月4号下午，她发病了，被敌人击倒了。"张慎痛心地说。

叶欣去世时，他的儿子张飙 22 岁，是广州市交通职业技术学院的学生。"妈妈不在了，我想她最牵挂的还是我。"张飙说自己的学习不够好，妈妈对他这点最不满意，也很揪心。现在妈妈走了，他请妈妈放心，他一定会努力学习。

　　在张飙的记忆中，妈妈总是很忙，双休日都要上班，一般都是他做好饭，等妈妈回来吃。从小妈妈就培养他的自理能力。"我小的时候，妈妈就很忙。我在幼儿园是全托，妈妈一个星期接我一次。那时候妈妈要上夜班，爸爸在武汉读大学。每次去幼儿园我都哭，不想去，妈妈也哭，就这样哭了几年。后来，我明白妈妈工作太忙，不得已才这样。想起她哭，我就难受。"环境让张飙学会了坚强和独立。

　　回忆这场突然而来的悲痛，张飙只想问"为什么会这样"。自叶欣生病后，张飙都没有见过妈妈，直至叶欣去世。张飙无法释怀的是："好几次我打电话问爸爸，也问妈妈，他们都说没事，说一个月以后就能回家。和妈妈通电话时她说病情很稳定，没有什么变化，声音有点虚弱，但听不出有什么不对劲。3 月中旬的一天，爸爸就告诉我要有心理准备，妈妈的病可能会很严重。我很想见她，但不能见。3 月 25 日半夜 1 点多，爸爸打电话来，说妈妈已经去世了，叔叔来学校接我去见她最后一面。我只问他'为什么会这样'，他没有回答。"

　　张慎觉得很庆幸的一件事是在他的坚持下，叶欣终于有大半年的时间能像其他广州人一样，住进装修过的房子。原来叶欣是一个节俭的人，家里的收入不算低，从来没有为开支犯愁，可叶欣却把富日子当穷日子过，十分简朴。

1995年，张慎单位调整住房，时兴装修，大家都装修了新房。但是无论张慎如何游说，叶欣就是不肯搞装修，说新房子何必要去装修。直至2002年，房子已经显得陈旧，别人家都已经开始第二次装修。在这样的情况下，张慎的极力坚持和其他朋友的劝说，叶欣才勉强同意装修房子。

张慎表情复杂地说："叶欣去世后，当我想起这件事，既感伤又庆幸。感伤的是她一辈子勤俭，没有享受。庆幸的是，幸亏我坚持，她终于有大半年的时间能像其他广州人那样，住进装修过的房子。"

就叶欣的身后事，张慎向院长吕玉波提出了两点要求：一是叶欣一辈子热爱护士工作，请医院为她穿上一套护士服走完她人生的最后一段路，这也是叶欣的心愿；二是委托院长了解一下由于抢救叶欣而染病的医务人员名单，张慎要代叶欣去慰问他们。

张慎说，在叶欣病危前，他才真正体会到"医者父母心"这句话的真正含义。叶欣病危时，他屡屡冒着被传染的危险前去医院探望。但他只能按照医生的要求远远地看着妻子，给她鼓气。而医护人员则承担了一切照顾自己妻子的责任，如量体温、喂食等。这些时候，他们与叶欣的距离往往只有20厘米，甚至没有距离。为了救治病人，他们也和叶欣一样，早已将生死置之度外。虽然叶欣走了，但是他依然要谢谢其他医务人员的付出。

"凡大医治病，必当无欲无求……"当我们重读这些字句，不由得双眼含泪。在那肆虐的病毒让中国大地的生命噤若寒蝉的时节，正是这些可敬可爱的白衣天使用自己的血肉之躯筑起了保卫生命的长城，他们誓愿普救含灵之苦，而宁愿舍身忘我。

→ 人民：献给天使无尽的思念和深深的敬意

★★★★★

经历"非典"创痛的广州逐渐从阴霾中走出来，重获新生的人们在更加珍惜生命的同时，也将思念和感恩刻在岁月的脚步中，向这些付出生命代价的英雄致敬。诗人臧克家曾说："有的人死了，他还活着。"是的，凡俗的生命终究逃不过躯体的消亡，然而，高尚的灵魂却是不变的永恒。"万里长空且为忠魂舞"，英雄不死，他们的追求永存，他们的信念永存，他们的精神永存。

走进广州雕塑公园，市民们都会在抗"非典"大型纪念雕塑《保卫生命》前留步。仰望那3棵缠糅在一起的红棉树，灿烂的红色透露着对生命的渴求和顽强。红棉树后是约30米长的半环型浮雕墙，上面记载了广东省抗"非典"各个时期的代表性真实画面，再现了那场没有硝烟的鏖战，让人不得不肃然起敬。

"宝宝，叶护士长为了救人离开了，给叶护士长鼓掌。"一个儿童在妈妈的怀抱中，鼓着白白细细的小手，脸上带着不知事的笑意。年轻的妈妈说，虽然孩子还小，不懂得为什么要鼓掌，也不懂得叶护士长是谁，但是这是她心中的敬意，她相信孩子长大了会知道叶欣为大家做的一切，也会和自己一样对叶护士长充满崇敬。

著名的漫画家廖冰兄老人曾多次入住广东省中医院二沙分院，也因为肺炎在急诊科打过一周的点滴，当廖冰兄老人看到《羊城晚报》关于叶欣抗击"非典"的事迹的报道后，哽咽不止，立即嘱咐家人把慰问金送予医院，代交叶欣家属，表达自己的哀思。

廖冰兄的二女儿廖陵儿提议，应以廖冰兄的慰问金为起点，发动全社会捐款，为叶欣造塑像，并成立"叶欣护士长基金"，以奖励抗击非典型肺炎的护士们。廖冰兄老人大声叫好，并让家人着手经办。

廖陵儿致电《羊城晚报》，诉说自己和叶欣护士长的一面之缘，向全社会发出捐款倡议。廖陵儿说，她在春节前曾陪家人到广东省中医院急诊科看病，与叶欣有一面之缘。当时由于与值班护士发生一点误会，她在医院派发的"服务质量调查表"上表达了意见，没想到叶欣护士长非常重视，在完成了急诊科繁忙的工作后，亲自与她交谈了半个小时，诚恳地向她道歉并检讨了值班护士的疏漏。

如此认真敬业的护士长走了，这让廖陵儿万分惋惜，也让众多受叶欣护士长照顾的病人感到意外和悲伤。为了悼念对病人关爱备至的护士长，也为了将叶欣无私忘我的精神传扬，廖冰兄、廖陵儿向社会发出募捐倡议，要为英雄立汉白玉塑像寄托思念，并建立"叶欣护士长基金"激励后来人。

一位北京的心理医生专程飞赴广州，将捐款交到了护理部主任张

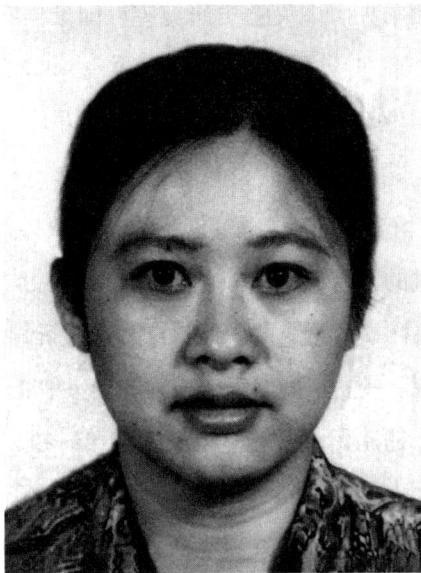

△ 叶欣

广清的手上。原来，他在广州出差的时候不幸遭遇车祸，在半昏迷状态下他一直听到有人在不停地鼓励他、安慰他，这些鼓励支持他顽强地熬了过来。而清醒后他才知道，一直陪着他给他力量的人正是叶欣。这位心理医生说，作为心理医生，他真切地知道病人需要鼓励和温暖，因为叶护士长的耐心和爱心，他才得以重生。叶护士长是一个伟大的医者。

叶欣的事迹一时间传遍了华夏大地，她的付出感动了正在抗击"非典"的万千国人，更坚定了人们战胜病魔的决心。在这场突如其来的生死较量中，我们付出了生命的代价，而我们也势必要开辟生命的另一个春天。叶欣护士长拼将生命守护的，就是生的希望啊！

由共青团中央、中央党史研究室、国家档案局主办的"民族魂"网站上，专设了"叶欣纪念馆"，生动再现了叶欣护士长高尚的奉献精神和崇高的职业道德，让成千上万的读者吊唁这位远去的白衣战士，鼓舞人们抗击"非典"的决心。

网友 zwj 留言：叶欣离去了，我的心在颤抖。读着你生命的美丽，读着你经历过的没有硝烟的战斗。你是人杰，是天使，是英雄。我们因为有了你这样"关爱他人、奉献自己"的新时代的白求恩，人性才被深深地唤醒。一切人间的美丽在你的英灵中展现。

网友快乐翅膀留言：您坚持战斗在第一线，那是最危险的地方；您始终坚持病人的生命高于一切，帮助他们坚守那最后的防线；您奋不顾身，却如最璀璨的星星滑落天际；您的精神彰显着人性的光辉；您已安息，我们永远感动。

网友孙晓阳留言：在突如其来的"非典"面前，在抗"非"的战场上，你无私无畏，冲在前面积极抢救"非典"患者，而你自己却因为染病而光荣殉职。你和千百名白衣战士用你们高尚的医德和实际行动谱写了一曲可歌可泣的抗"非"诗篇。你是我们中华民族的骄傲！你永远活在我们心中！叶欣同志安息吧！

网友迟同全留言：我们的国家、我们的民族，都需要这样无私无畏的战士。面对危难，勇敢站在第一线，才是民族的脊梁。安息吧，人民的英雄，我们的白衣天使！

网友刘心虹留言：你的行为撞击了每个善良中国人的灵魂，你对"天使"做了最好的诠释，我们尊敬你，永远怀念你！

……

网站开通的头两天，访问量已达 40 多万人次，鲜花、留言达

△ 叶欣雕像揭幕

5200多条，全国各地的人们都表达了对叶欣的深切缅怀和崇高敬意。在这一声声"谢谢"，一句句"怀念"中，我们仿佛看到了挺直的民族脊梁，仿佛听到了众志成城、决战"非典"的呐喊和誓言。

受廖冰兄所托，著名雕塑大师唐大禧欣然为叶欣创作塑像。唐大禧从创作到制作都十分顺利，前后用了十来天的时间完成作品。唐大禧说，他的心情很激动，而且为了配合护士节揭幕，所以他全力投入工作中。

"她是天使，她是英雄，她把危险留给自己，把安全让给别人，义无反顾，勇往直前。她以护士的名义，用生命履行职责，用生命燃点生命。"2003年5月12日的国际护士节，叶欣"回家了"，她的汉白玉塑像在这天回到了她生前工作的地方，坐落在她深深热爱的省中医院二沙分院急诊科窗外。

叶欣的塑像以她穿着护士服的形象展现，汉白玉的质地贴切，展现了医护事业的圣洁崇高，同时也展现了叶欣救死扶伤的操守和默默奉献的情怀。塑像栩栩如生，叶欣的目光祥和地注视着远方，充满了坚定与希望。叶欣将一朵小花护于胸前，宛若呵护人间的美丽。而最传神的是叶欣的笑容，这温暖的笑容曾让多少病人安心，让多少病人家属放心。

叶欣的儿子张飙说，塑像最像妈妈的就是温柔，妈妈很温柔。的确，叶欣被誉为"阳光与微笑"的化身。作为急诊科的护士长，叶欣时刻都在与死神赛跑，她一直是站在生命的关口上注视着生命。"我之唯一目的，为病家谋幸福。"这是"医学之父"希波克拉底的誓言，也是叶欣一生铭记的承诺。温柔之心，是因为切身感受病者的伤痛；温柔之心，是想让病者在无助之时感受支持。

塑像底座赫然镌刻着"大医精诚"四个大字，这是出自88岁的廖冰兄的手笔。廖冰兄深感这四个大字的分量，"精"于专业，"诚"于品德，这正是叶欣敬业精神的写照。廖冰兄不顾年事已高，抱着病弱的身躯，书写了一张又一张。整整四天的时间，他都怀着无比崇敬的心情挥笔，最后，他才挑出一张自己比较满意的作品。

叶欣无悔的付出，感动了许多人。广东省邮电局发行了叶欣的纪念邮票和纪念封，同时，叶欣的事迹也搬上了银幕。8集系列电视电影《没有硝烟的战争》中，真实地记载了叶欣的英雄事迹。

张慎在整理妻子的遗物时，发现了叶欣生前读过的一批业务书籍，特别是医古文，上面密密麻麻地写满了读书笔记，叶欣往日用功钻研的情景仿佛就在眼前。曾与叶欣共事的一个小护士得知后，请求张慎忍痛割爱。张慎虽然极为不舍，但最终还是让给了这个年轻的小护士。

△ 医院领导向叶欣雕像献花

因为他希望,叶欣的"心血"能得到传扬,她依旧在岗位上。

叶欣是广东的好女儿,广东人民也用广东特有的方式来纪念这位白衣天使。广东人民将叶欣的故事进行再创作,编成了广东人民喜闻乐见的艺术形式——"讲古"。讲古即为用粤语评书,叶欣的这一折名为《世间自有真情在》。

我欲高歌寄热忱,高山流水不成吟。

须将抗非英雄谱,唱出战斗最强音。

"非典"纵横如虎恶，众志坚强伏魔心。

面对死神何所惧，危难当头显赤心。

故事讲的就是因传染多人而被称为"毒王"的病人阿成命悬一线，在叶欣的照料和鼓励下康复出院，可他自己却不知道，叶欣已被他传染病危。当他想回到医院感谢恩人的时候，却得到了叶欣去世的噩耗，阿成顿觉五雷轰顶，悲痛不已。

故事以阿成为典型，集合了抗击"非典"中病患的故事，展现了叶欣从救治到生活上对病人无微不至的照料，以及一心战胜病魔的坚定信念和毫不畏惧死亡的勇气。故事也借阿成道出了所有病人对叶欣、对医护人员的感激，更道出了广东人民对白衣天使的深深崇敬和思念。

榕荫下，常有人说起这段故事，叶欣也随着故事鲜活地活在人们的记忆中。正如《世间自有真情在》的结尾传唱——正是：

"非典"阴霾压穗城，

四处交传恐惧声。

临危一股英雄气，

留得楷模烈士名。

广东省中医院医务人员及其家人回忆叶欣

拼将生命书写大医精诚

——广东省中医院抗击"非典"纪实

胡延滨

　　唐代名医孙思邈在《大医精诚》里写道："凡大医治病，必当无欲无求，誓愿普救含灵之苦。不得瞻前顾后，自虑吉凶，护惜身命。昼夜、寒暑、饥渴、疲劳，一心赴救。"在癸未之春这场骤然降临中华大地的灾难面前，在与看不到的病魔厮杀的疆场上，广东省中医院人在党委的领导下，在共产党员的带领下，从没有瞻前顾后，自虑吉凶，护惜身命，他们始终冲锋在前，视人民健康重于泰山，用实际行动谱写了新时代大医精诚之歌！

　　作为广东省中医院中的一员，我目睹了整个战斗的过程，深深体味了战斗的残酷、激烈和悲壮，但也更为战斗中我们的领导、同事所付出的巨大努力而感到深深震撼，在战斗中我们失去了好护士长叶欣，我们有 51 位兄弟姐妹病倒，可是我们并没有被凶残的"非典"病魔所吓倒，而是更加勇敢地与它激战，既没有放弃继续收治"非典"患者，也没有放弃零距离地抢救患者，而且院内其他的患者同样得到了很好的照顾，没有出现一例院内患者的交叉感染，终于使 100 多位传染性"非典"患者重与家人团聚。这一段激情燃烧的岁月，我将终生难忘！

（一）

早在 1 月 7 日广东省中医院的急诊科就接诊了第一例非典型肺炎患者，这是目前有报告的最早的一例广州市本地居民感染 SARS 的病例。

这名患者的病情危急，症状表现不同于一般肺炎患者，而且急诊科抢救他的医生和护士，也先后出现了类似症状。

前所未见的肺炎！抗生素失去作用！具有强烈的传染性！临床一线传来了最危险的信号！

广东省中医院位于人口稠密的老城区，是一间没有设传染病区的老牌中医院，这些年由于医院注重在技术、服务和信誉上形成优势，赢得了广大患者的信赖，平均每天的门诊量不少于 9000 人次，是全国门诊量最大的医院。地方狭小，患者密度高，这样的一家医院如遭到具有传染性疾病的袭击，处理不好，后果将不堪设想。收治传染性疾病不仅将面临危险，而且还将会使门诊量受到冲击，直接关系到每一个职工的切身利益和生命安全，这个仗，打还是不打？

关键时刻，党委迅速地做出了决断："要当作一次战争来看待，要对社会负责，我们必须迎难而上，共产党员和共青团员要冲锋在前！"彷徨中，党委就是医院的主心骨；危难前，共产党员就是大家的领路人。

呼吸科门前的小教室，成了抗击"非典"领导小组的前敌指挥部。从成立那天开始，每天早上8点，来自临床、行政、辅助科室、后勤、药学等各条战线的领导和专家们就集中在了这里。讨论病情，交换信息，统一思想，做出决策，每天晚上又要听取汇报，没有星期天，没有节假日，从1月份战斗一打响，一直到今天。

"省中医院人要对社会负责，面对疾病我们不能退缩。"这就是我们的信念。

春节刚过，社会上谣言四起，人们争相拥进医院，板蓝根、清开灵、抗病毒口服液，大家抢着买。为了满足患者需要，药学部紧急行动，迅速通过各个渠道，从全国各地进药，保证药物储备。可是由于进货渠道的不同，药物的进价也差别很大，怎么为这些高价买入的药物定价呢? 价格如果出现波动，患者的心理就会更加不稳定，出于对社会的负责，医院党委果断决定，无论进价如何，一律按照最初的价格售出。"亏本也要执行! 省中医院要对社会负责! "

2月初，个别不知病情的患者使自己请来的陪护也染上了病，这些来自湖南等贫困地区的打工者，染上病后，担心看病花钱，忧心忡忡，有些人甚至想偷偷溜回老家了事。医院党委及时掌握了情况，"绝对不能让他们回去，一旦回到家，后果将不堪设想"，医院领导立即找到了他们：" 就在医院治病，我们会把你们当作是自己的职工一样看待。"暖人的话语，让危难面前的陪护看到了希望，他们感动地流下了热泪。现在这几个陪护都康复了，为抢救和治疗他们，其中病情最严重的一个人，医院就为他花费了近10万元。一提起来，他们就流着泪说："是省中医院救了我们的命! "

"非典"仍在传播，一个又一个患者走进了医院，时间就是生命，在党委的领导下，全院上下开始了与病魔之间的赛跑。创造出了一个又一个省中医院速度：医院党委果断决定腾空 ICU、内三区，新开内九区，组成临时隔离病区，以应对治疗非典型肺炎患者的需要；同时迅速压缩相关科室的床位，搬空并转移与隔离病区比邻的"血透室"。所有这些措施对于一家常年病床周转率几乎 100% 的医院来讲并不是一件容易的事，可是仅仅一夜，我们就做到了。

可就是这一夜，为了劝说患者转移病区，护理部、医教部的领导们分头一个病人一个病人地去做工作，为了能够配齐新开科室所需要的物资，设备部的领导半夜拉上爱人开着自家的车，自己垫钱连夜采购。

兵马未动，粮草先行，面对前方的战事，整个后勤最响亮的一个回答就是"行！"非典型肺炎患者需要加强营养，"行！"他们特意为非典型肺炎患者开小灶，当一个 28 种菜的菜谱出现在病人的手里时，他们感动得流下了热泪。配餐员为了能够满足病中患者的需求，勇敢地走进隔离区，了解他们的口味，不管什么要求，总是一句"行！"把可口的饭菜送到患者手中，就是他们最简单的想法；需要紧急运送病人，"行！"司机班的同志二话不说，他们一早就安排了加强班，保证救护车的快速出动。出车回来他们又认真做好车厢内部的消毒工作；某某地方需要消毒，"行！"不管什么时间，哪怕半夜，不管什么地方，哪怕路远，清洁公司组成的消毒队，指哪儿打哪儿。

围绕着抢救"非典"患者，整个医院都进入了高速的运转当中，所有的人都拼上了。

（二）

面对残酷的战斗，面对健康与染病、生与死的抉择，说句实话，谁没有过担心？当围绕着抢救危重病人，一批批医务人员病倒的时候，特别是当叶欣护士长为抢救病人英勇牺牲后，这种压力就更大了。很多人都有过这样的心理，早上出门的时候，会忍不住去想，也许晚上就被隔离回不来了；晚上上床的时候，会担心，明天是否又会听到，一个兄弟或姐妹入院了。不幸病倒了的人，家人不能来探视，甚至很多人根本就瞒着家人，孤独寂寞，加上还要忍受 40℃的高烧和呼吸困难，有时真比死还难受！

在这时有一种强大的精神力量在支撑着大家，在战斗最激烈最艰苦的 3 月初，医院党委组织了"在与非典型肺炎战斗的日子里"征文活动，要求把"抗非"战斗中的英勇事迹表现出来，当一个又一个就发生在身边的感人事迹送上来的时候，大家被深深地感动了。就连来采访的记者们都含着泪深情地说："每一个医务人员的背后都有一个感人的故事！"

我们的好护长叶欣在抢救"非典"患者的战斗中不幸去世了，大家不亚于听到一声惊雷，很多人都哭了。在一次次座谈会上，当大家把护士长的点点滴滴事迹放在一起的时候，英雄的事迹和精神得到了大家的认同，同志们流着热泪回忆起英雄的每一个平凡而又伟大的举动，深深体会到医院所长期倡导的医院文化和价值观的重要意义，体会到了作为一名医务人员的崇高使命。在战斗中，每个职工的思想境界都得到了升华，在染病甚至死亡的面前，动摇的不再动摇，勇敢的更加无畏，汇成了强大的不可战胜的力量。

护士李咏文的家人得知她就在临时传染病区工作的时候，极力劝阻她，建议她以身体不适等理由调出岗位。经过激烈的思想斗争，她终于说服了家人，选择了继续战斗。在抢救病人的过程中她不幸染病倒下了，可刚刚出院她就又主动要求重新回到隔离病区去。

在非典型肺炎肆虐的日子里，有一种东西更具感染性——那就是爱，那是全体医务人员内心深处对患者的爱，对社会的爱，这种爱，冲破了"非典"在人们内心投射的阴影，骤然之间喷薄而出，那样强烈，那样有力，它感染了每一个人。

当医院需要有医护人员支援一线的时候，大家纷纷主动报名要求到这些科室去工作，他们递交请战书，向党委表决心。甚至很多人用"我单身，没有后顾之忧"、"我工作久，我有经验"等各种理由来争取进一线。在这次抗击"非典"的战斗中，共有100多名医务人员主动报名支援第一线，经过选拔，他们当中有88人走进了最危险的地方。

无论是在省委领导来慰问的时候，还是在记者采访的时候，或是在其他场合里，每提起这些院领导便不由自主热泪盈眶。

在病魔面前除了有一种神圣的使命感、强烈的责任心支撑着医务人员们去忘我工作外，更有一种浓浓的同事情鼓舞着大家。

"越是在危难的时刻就越是要关心职工。"医院党委反复强调。

如何才能不让医护人员染病，这是最困扰和最让党委领导揪心的事。每一次有医务人员病倒，医院领导除了马上到病床前探视，就是查找倒下的原因。医院的内部防护措施一个接一个地不断增强，医院党委要求早交班时，科主任必须看着每一个医务人员服下药物，才能去工作。为了能够落实，几位领导每天一早拿着药物出现在病区，亲自发给医务人员。只要是听到有什么新的防护办法，他们马上就上。从为医务人员配备眼罩到配备防毒面具，他们想方设法，甚至托关系，向香港打听；为了减少医务人员在传染区的停留时间和保证医务人员的休息，医院党委规定医生在隔离区内连续工作，每天不超过两个小时，护士不超过四个小时；为了监督执行，护理部的几位主任天天站在隔离病区的门口，监督各项措施是否到位。

细心的医院领导想到医护人员穿着隔离衣，全身上下包裹得严严实实，高强度的工作下，会感到呼吸困难。就在每个办公室里放一个氧气瓶，让大家辛苦的时候吸吸氧。

临床上，专家们发现中医药采用西洋参能扶正去邪，可以有效地治疗"非典"。中午，一杯杯冒着热气的西洋参汤就被送进了病区，每个医护人员人手一份。大家感动了，医院领导就是这样默默地关心和爱护着自己的职工！

对于受到感染的医护人员，医院更是不惜一切代价，竭尽全力，进行救治。只要主管医生认为病情需要，无论是设备还是药物，都要用最好的，不需要请示，不需要批准，无论白天还是黑夜，不管是国产还是进口，想尽一切办法都要采购回来。一次，当听说广州的药材公司没有一种专家提出的药物的时候，院领导大声说："不要说广州有没有，看看全世界有没有，只要有，跪也要跪回来！"

医务人员看到医院党委这样全力以赴抢救染病同志，都非常感动。"每天都能看见院领导和我们在一起，我们心里就不怕。"一线的医务人员说，"即使染病了，他们也不会让我有事的。"一位青年医生感慨地说："士为知己者死！"

病中的医务人员乐观地把"非典"叫作"非非"，把生病叫作"过关"，把服用激素后出现的满月脸戏称为"面子大"。即使在病中他们仍然不忘自己是医务人员，仍然不忘记工作。他们相互鼓励，交流康复经验，甚至提出自己护理自己，以保护为他们诊治和护理的同事。

有的和来查房的主任商量："把听诊器给我，我听了肺音，再告诉您，您还信不过我？"有的给做护理的护士建议："我是护士长了，有些护理我自己做行了。"病好后他们又抢着要回到工作岗位上。

火线要求入党的急症科医生方志坚得知科室需要人，病没好利索就赶着往回跑，一不留神，下楼时摔了下来，下巴上缝了针；共产党员医生彦芳康复后又回到ICU，他对主任说："主任，我有抗体了，危险的事让我来！"

对于病倒了的医务人员，领导常说"会有一种愧疚感"。而他们却没有一声抱怨！反而感谢医院挽救了他们的生命。在他们患病最痛苦的时候，院长手机常常会收到他们的短信："请放心，我会坚持住的！""我会挺过来的！""团结战斗，胜利一定是我们的！"看着这样的好党员、好战士，刚强的院长，还从来没有像在这一段时间里流这么多泪！

（三）

在与非典型肺炎战斗的日子里，一个共产党员就是一面旗帜，一个党小组，就是一个战斗堡垒。关键时刻是共产党员冲在了最前面，我不下地狱，谁下地狱?！这就是一个共产党人的高尚情怀。

在战斗的行列中，年龄超过 50 岁的人被大家戏称为最危险的人，因为他们一旦受到感染就很可能有生命危险。年过半百的吕玉波院长和年近 60 岁的罗云坚副院长都是最危险的人。

这天，一早来隔离病区上班的林晓忠医生看到了一场奇怪的争夺，更衣室里，护理部主任伸手去抢一个人手里的隔离衣，那个人侧着身，用身体做着掩护，硬是套上了隔离衣。当转头过来的时候，他认出来，那个人就是吕玉波院长。护理部主任双眼流着泪，委屈地说："院长，你不能再进去了。"吕院长一句"我没事"，便头也不回地走了进去。林医生说，每天早上 8 点不到，吕院长就在隔离病区里走动了，不把每一个病人都看一遍，他就不安心。

罗云坚副院长作为专家小组的领头人，他每天都要亲自查房，了解病情变化，组织专家会诊，制订治疗方案，星期天也不例外。特别是一有紧急的抢救，无论多晚他都第一时间出现在现场，坐镇指挥。短短的时间里他额顶的白发明显地多了，眼中布满了血丝，人显得更加地瘦削了。后来他终于累病了，心绞痛发作，他就一边挂着吊针，一边听汇报，确定诊疗方案！专家和部下们都流泪了。一天傍晚，他回到办公室，听到护理部主任说没有再发现新的感染人员时，那憔悴了很多的脸上终于露出了一丝笑容。他疲惫地说，那就好！那就好！

黄慧玲副书记经常深入科室去看望那些患病的员工。很多次医护人员都劝她，但她坚持要走到每一个人的床头，轻声细语地问候他们。为了鼓励那些关在隔离病房里的同志，在她的倡议下，医院特别买了一些可爱的会"咩咩"叫的小羊，连同一张精美的卡片，送到床头。让他们寂寞时就听听捏捏，听着小羊的叫声，就能想到全院的员工都在支持着他们，就这样，小羊在隔离病房里叫了起来，此起彼伏，他们是在相互问候，相互鼓舞。

医生护士相信自己的医院，相信自己的领导，因为，在战场上，他们冲在最前面。还有很多科主任、护士长他们也都是这样做的。

二沙分院急诊科的叶欣护士长是一名共产党员，战斗一开始她就默默地把最危险、最困难的工作都留给了自己。为了抢救病人，她放弃了春节的假期，为了抢救病人，她减少了和家人的会面。当家人打来电话的时候，她只是让护士回一声："就说我在班上。"晚上她还不忘记给部下煲好老火靓汤，第二天再送给他们，让他们增加营养。对于危重的"非典"患者抢救，她总是冲锋在前，把其他的护士挡在身后，她说："这里危险，让我来吧！"

同一个科室的科主任、共产党员张忠德，每天早上第一件事情，就是发药给每一个科室的每一个医护人员。看着他们吃下去，才满意地走开。科里每接收到可疑患者，只要他在，他都尽量不让更多的人接触，甚至独自去检查。

后来叶欣、张忠德在抢救一例因急腹症前来急诊的"非典"患者后，不幸染病倒下了。在病床上他们还对闻讯而来的院领导说："对不起，我没有完成任务，病倒了！"此时此刻，他们放不下的仍然还是工作。在病榻上，他们经常打手机回科室询问科室的情况，病情加重了，说话不方便，就发短信息。每次，接听电话的同事都忍不住眼中噙满泪水。这不就是一个共产党员的本色吗？就在他们抢救的这名患者康复出院后不到一个星期，叶欣护士长却永远地离开了她所热爱的工作和战友，《南方都市报》的记者深情地写道："世界上最美丽的一双眼睛闭上了！"

叶欣护士长的牺牲，大家的心都碎了。可是没有人因此而退缩，反倒更加坚定了大家要战胜非典型肺炎、建设好医院的决心。叶欣护士长那种"把生的机会留给别人，把危险留给自己"的崇高精神激励着我们每一个人。

医院急诊科的刘涛主任，在为一例高度疑似的"非典"患者诊治时，为了及时弄清楚患者的诊断，争取时间抢救患者，亲自搀扶患者拍胸片。患者确诊得救了，可他却感染上了疾病倒下了，当记者采访他时，他却说，我没有什么，其他的医生做得更多。

林琳主任是共产党员、呼吸科主任，为了找到治疗非典型肺炎最好的办法，她离开老人孩子，住进医院，日夜观察病情，零距离记录每一位患者的症状变化，随时向全国各地的老专家请教，孩子病了，打电话说"想妈妈回来"。而她说："妈妈忙，你自己要乖，很快就会好的！"然后又狠下心来继续工作。而当香港医管局要求医院派出专家支援的时候，她义无反顾地再挑重担。在香港，她同样进入ICU，冲锋在最前线。

ICU的曾影红护士长是个共产党员，是在劝说患者接受治疗的过程中感染上了非典型肺炎病倒的。有一位病情严重的患者，表现出精神烦躁，担心自己会死去，拒绝接受治疗，甚至拔掉静脉管和氧气管。曾护士长走近他身边，和他耐心交谈，帮助他树立信心，劝说了一个多钟头。

她病倒后，护理部副主任共产党员叶建红接替起了护士长职务。在一线上，他们就是这样前仆后继，倒下一个立即有人顶上去，一条救治患者、保卫人民生命和健康的安全线在他们的手中一刻也没有松断过。

疫情就是命令，为了使命，他们有的放弃婚假，告别爱人，星夜奔赴前线；有的送走孩子，告别双亲，把自己隔离在医院；为嗷嗷待哺的婴儿断了奶，"狠心"的妈妈说孩子希望你将来可以理解；把病中的亲人留给他人照料，"不孝"的孩子却日夜守候在患者的床头。

火线入党的ICU护士吴巧媚新婚才休了一天婚假，第二天知道科里收治了危重的"非典"病人，她二话没说，马上脱下新娘装，回到了工作岗位。很多医务人员长期住进了值班室，或者单独租屋在外边住，他们就是抱着这样的一种义无反顾的精神投入战斗的。还有胡彩华，孩子只有 2 岁，一接到通知，她马上就搬出了家，把自己隔离在单独租住的小屋，实在想孩子了，她就叫妈妈领着孩子到她的窗下花园玩，她远远地隔着窗户望一眼。潘丽丽是花都人，碰巧在她主动报名支援 ICU 的时候，她的妈妈来广州看望她，她要求妈妈回去。妈妈很奇怪，当得知实情后，妈妈便坚持要留下，说"万一有什么事也好照顾你"。迫不得已，小潘跪下求妈妈："你在这里，我没有办法安心工作。"妈妈含泪走了，但她却向年轻人学会了发送短信息，鼓励自己的女儿。"伊拉克在打仗，我女儿也在打仗，伊拉克打仗用飞机和大炮，我女儿打仗用针和药，但我女儿一定可以打胜仗，因为她是我女儿！"

在这场与非典型肺炎的斗争中，共产党员始终冲在最前面，起到了很好的先锋模范作用，他们在关键时刻挺身而出、忘我奉献的精神深深地感动和鼓舞着身边的医务人员。共产党员成了备受尊敬的人。邝婉仪说："身边的共产党员用他们的实际行动，给我上了最生动的一节党课，我向往像他们一样成为一名光荣的共产党员！"韩云说："是身边的党员让我懂得了什么是世界上最崇高的使命！"他们和许多同志一起纷纷向党组织递交了入党申请书。前后共有 130 多人向组织递交了入党申请书，医院党委根据他们的以往表现，经医院党委严格的审核，批准了其中符合条件的 91 人加入中国共产党。5 月 9 日，医院举行了隆重的入党宣誓仪式。在鲜红的党旗下，这 91 名医务人员举起右手宣誓，光荣地成为了中国共产党员。

（四）

对于人类来讲，"非典"是一个新的疾病，无论对于现代医学还是中医药学都是一个挑战。为了能够找到最好的治疗方法，医院党委强调要把医院变成一个开放的系统，专家小组及时了解省内、国内专家对这个疾病的认识和救治办法，集中院内外、中西医专家意见共同制定诊疗方案；全国呼吸病专家晁恩祥从北京赶来了，全国名老中医任继学从长春赶来了，全国中西医结合抢救多脏衰著名的专家崔乃杰从天津赶来了；还有全国名老中医广州的邓铁涛教授、上海的颜德馨教授、南京的周仲英教授以及焦树德、路志正、陆广莘、朱良春等等，他们纷纷为治疗方案献计献策，可以说医院的治疗方案是集中了全国中西医精英的智慧。

老党员、老主任刘伟胜教授以近70岁高龄深入病区，认真为每一个患者把脉、听心肺、零距离地检查，共产党员张敏州、林琳、杨志敏、韩云等中青年专家，反复临证观察，认真总结疾病规律，林琳说甚至连做梦都梦到找到了解决问题的方案。皇天不负有心人，根据临床的锤炼，他们对非典型肺炎的治疗形成了一套治疗方案，名老中医颜德馨在批改传回的文稿后，深情地写道："你们为中医事业操心，创造性地为非典型肺炎制定治疗方案，慧心独造，可喜可贺！"全国名老中医任继学特地题词"全国中医的楷模！"并用特快专递寄给医院党委。

在科学探索的险途上，他们用智慧和勇气，劈开迷雾，提出了把传染性非典型肺炎科学分类为早、中、极、后4个时期，中医辨证9个证型，并总结了行之有效的10个中医基本处方，此外还有大量的随症加减的经验，受到了全国同行的称赞，并为国家中医药局所采纳，为全国抗击"非典"提供了宝贵的经验。

他们前后救治了100多例非典型肺炎患者，按照卫生行政部门颁布的标准，77%的病人属于重症病人，其中48名患者使用了呼吸机，8名需要插管。除7例由于年纪较大或有各种基础病死亡外，其余全部康复，治愈率超过了93%，重症病人的治愈率达到了92%。

他们发现中西医结合可以有效缩短发热时间和平均住院时间，还可以明显改善恶心呕吐、疲乏倦怠、食欲减退、发热、头痛等症状，有利于疾病的康复。可以加速炎症的吸收，减少后遗症，出院的患者当中只有两例出现肺部纤维化的表现。同时，中医药运用还可以有效地避免肝损害、心脏损害或消化道出血，减少全身并发症。世界卫生组织专家到医院考察后对此给予了高度的评价。这些事情甚至引起了胡锦涛总书记的高度关注，在他冒着危险视察广东时，专门接见了医院的代表。当省中医院院长党委书记吕玉波利用临别之际，向总书记建议"抗击'非典'要中西医结合"时，总书记亲切地说："我在网上已经看到了，世界卫生组织评价很高，中医药学是我们祖国伟大的医学遗产，应该发挥它的作用。"

广东省中医院的专家小组用他们非凡的勇气、严谨客观的科学态度，为战胜非典型肺炎交出了一份宝贵的答卷，赢得了同行的尊敬和认可，来自祖国各地包括香港地区的医疗同行纷纷询问他们的经验，请他们会诊。香港医管局特别邀请该院专家前往香港，与香港同行一起共同为战胜"非典"而努力。林琳、杨志敏两位中医专家再次转战香港，为抗击"非典"继续贡献才智，最近香港医管局又特别向卫生部提出要求，由于她们在香港所取得的成绩，要求她们继续在香港停留两个月的时间。

广东省中医院的专家结合中西医两方面的优势，特别是在中医方面全方位全程参与了救治过程，用他们非凡的努力，甚至是以健康乃至生命为代价，交出一份沉甸甸的答卷。

说到这里，我想起了5月23日，当日内瓦传来解除

△ 医务人员向叶欣烈士墓敬献鲜花

广东旅游警告的消息时，大家相互庆贺；想起 4 月 23 日，所有康复出院后的医务人员都回到医院，在美丽的二沙分院前集体合影时，大家流着泪笑着的情景；想起 5 月 12 日，叶欣护士长的雕像树立在急诊科旁的时候，我们仿佛觉得叶护士长又回到了我们中间。经历了非典型肺炎的考验，我们变得更加意志坚强；一场灾难让我们看到更多的人间真情；面对称赞、面对掌声、面对最可爱的人这样的美誉，我感到作为医务人员的崇高，更感到肩头责任的重大。此时，我不由想起当年步入医学殿堂时郑重宣誓的《医学生誓词》中的一句话："我决心竭尽全力除人类之病痛，助健康之完美，维护医术的圣洁和荣誉！"这就是我们所有医务人员共同的心声！

➔ 在那不能忘怀的日子里

★ ★ ★ ★ ★

吕玉波

曾经肆虐一时的 SARS 渐渐远离我们而去。然而，与疫魔搏斗的 100 多个日子却深深地刻在我的心底深处，永远难忘。

2003年元月7日，医院大德路总院急诊收治了一名持续高烧、呼吸衰竭的患者，这是广州地区最早报告的当地居民的SARS病人。从此，广东省中医院拉开了与疫魔搏斗的帷幕，原本生活在安逸、祥和中的医务人员，骤然间要面对生死抉择。

遭遇这场没有硝烟的战争，我们完全猝不及防。孙子云："知彼知己，百战百胜。"攻击我们的敌人是哪一路神通？它从哪里向我们发出攻击？在这些基本情况一无所知、连"非典"这个名称还没有的情况下，我们已经倒了一批战士。这场战争将会持续多长时间？将会升级到何等程度？我们没法预料，只知道战争进行得越来越残酷，越来越惨烈。我们只有一句话：坚持！咬紧牙关坚持！像当年的黑山阻击战，决不后退一步！每一个领导成员心里都明白：这是对我们领导能力、意志毅力的考验！每一个第一线的医务人员都知道：这是对我们敬业精神、专业能力的考验！全院上下都清楚：这是对我们平时工作、综合实力的检验！我心里不断地告诫自己：要沉得住气！"每临大事有静气"，一定要达到这样的境界。依靠大家的智慧，依靠大家的积极性，这是我们战胜疫魔的最有力武器。

随着战争的升级，体力与精力的拼搏、透支，我无怨无悔，然而，巨大的精神和心理压力，常常使自己觉得心力交瘁。

元旦一过，医院就按照计划好的部署在快速道上发展。SARS的突然袭击，打乱了原来的步伐。然而，固有的思维惯性总要让我想避开与SARS的接战。但是，"民族有难，匹夫有责"，强烈的社会责任，又使我意识到必须接战SARS！让实战来检验我们的实力吧！这是直至今天我们都没有后悔的选择。

谈到社会责任，我们做出过许多很有价值的决定。比如，为了平抑由于抢购药物所带来的价格飙升，亏本也要按原价出售；又如当有几位病人自请的外地陪护，感染了"非典"，没有钱治病，准备回家乡一走了之。当时他们的治疗费用出自何处还没有个说法，为了防止SARS的扩散，我们把他们当成院内职工一样，免费做最好的治疗，他们感动得都哭了。

使我感到困扰的是，医院地处闹市区中心，地方狭小，本来就没有设传染病区，其他病种的病人又多，收治SARS病人，又要做好隔离工作，防止院内感染，又要尽量淡化其他病人的恐惧心理，以免他们由于恐惧，有病也不敢来就医，耽误了病情。要知道很多病种的死亡率都比SARS高。同时，没有了病人，医院就没有了物质基础。不要说1000多人要吃饭，医院要维持和发展，就是抗击SARS没有了物质基础，也难为无米之炊啊！为了救治SARS病人，广东省中医院三个医院（含两个分院）的急诊都专门腾出留观病房做临时隔离病区，观察疑似病人，呼吸科成了收治确诊SARS病人的感染区，ICU全腾出来收治危重的SARS病人。短短一个多月的时间，医院就紧急购置了不下10台呼吸机，10多台各种监测设备，更不要说大量消耗的消毒隔离物资了。因此，在战斗的全过程，既要最有力地抗击SARS，又要维持日常工作的正常进行，我们根据疫情变化，不断地寻找着平衡点，耗费了不少心力。所幸的是，经过全院上下的共同努力，抗击SARS我们没有退出过战场，并且取得了辉煌的胜利，日常的医、教、研工作我们也没有拉下，把由于"非典"冲击所带来的损失减到最小最小。

由于我们比较早地接诊SARS病人，成了广州地区最早有医务人员染病倒下的医院。我们及时报告了防疫部门和上级卫生行政部门，立即引起了他们的高度重视，并且迅速采取了措施，接二连三地下达了一系列文件。开始，为了淡化恐惧情绪，我们去探望被感染的职工时，故意连口罩都不带，随着对这种病认识的加深，防范措施越来越严格，口罩从带一个发展到带几个；隔离衣从穿一件发展到穿几件；防护帽从带一顶发展到带两顶三顶，还套上了鞋套，带上了防护镜，这一切一切，都没能阻挡住医务人员不断染病。那时候，我心里像系上了几块铅一样沉重。我不断自问：该做的都做了，我还能做什么呢? 想到中药能预防，就请专家按辨证的方法为每个一线的医务人员开出预防药；想到人参汤、营养餐能提高人的抵抗力，就每天为他们供应；想到整天带着 36 层纱布的口罩，还要跑上跑下，一定很憋气，就在办公室放上供氧装置，让他们稍事休息时能吸吸氧；想到疲劳容易染病，就实行 2 小

△ 叶欣护士长下乡为患者服务

时轮换制、4 小时工作制；想到消防面罩、防化面罩能起作用，就让他们带上再去治疗病人，可是我们医务人员戴了觉得不方便，影响医疗质量，为了病人的利益主动放弃了……但是，每当抢救危重病人时，特别是插管和使用支气管镜时，病人由于呛咳喷射出来的血性分泌物，像无数支暗箭射向医务人员，防不胜防。因此，仍然不断有医务人员倒下。我这样一个好强的人，从来都认为没有翻不过的山，没有跨不过的坎，这次像跌下了无底的深渊，加上对自己无能的自责，使自己饱受着心灵的折磨。我更加担心的是，不断有医务人员病倒，恐惧情绪会在职工队伍中蔓延开来，大家因惧怕被感染而不愿意到抗击 SARS 的最前线。特别是叶欣护士长去世后，这种担心就更加强烈了。因为一旦负面情绪占了上风，我们就会溃不成军，不能继续站在抗击 SARS 的第一线！

最难挨的是两段时间，一个是 2 月中旬，一个是在 3 月初，几乎每天都有医护人员在抢救患者过程中染病倒下，我最怕的就是晚上听到电话铃响。因为那个时候，几乎没有人因为别的事情给我电话了，半夜里铃声一响，我的心就揪紧一下，因为肯定是又有一个同事发烧了，或被确诊是 SARS 了，尽是令人难以忍受的坏消息。最可怕的时候，一天就倒了 6 个，那段日子简直是暗无天日！

当时我也有思想准备，为了组织队伍，一是用行政手段，派谁是谁；二是用经济手段，高待遇，高补贴，"重金之下，必有勇夫"。但是令我感动的是，我们的职工没有退缩，没有放弃自己的职责，除了燃起他们心中的激情；共产党员、共青团员以身作则冲在最前面，不需要任何行政和经济的方法，不仅前线科室没有退缩，其他科室还有 100 多人主动报名去增援一线科室，高素质的职工队伍轻而易举地化解了我心中的难题。3 月下旬世界卫生组织专家马奎尔博士来医院了解完中西结合治疗 SARS 情况后，专门问我有没有人不愿意到感染区工作时，我非常自豪地回答："不仅没有不愿意去的，而且都是自愿报名去的！"当问到靠什么使医务人员能够忠于职守时，我非常简练坚定地回答了他："靠他们的敬业精神、职业素养！"真的，那个时候，谁也没有说过到感染区工作会有补贴，谁也没有提出过到感染区工作要补贴，谁也没有想过在第一线工作会得到表彰和奖励，反而由于 SARS 的原因，收入受到很大的冲击，也从没有人提过任何的要求。大内科甚至提出，支援感染区人员的奖金由他们原来科室负责，以减轻医院的负担。这一切，你说我能不感动吗？当然，他们不是神，他们也是人，他们也犹豫过。当他们在诊治和护理倒下的战友时，一个念头会情不自禁地浮现出来，我明天会躺在他们旁边吗？每天去上班临出门时，总是下意识地多看看家里人，多看看家里的摆设，因为潜意识告诉他们，可能下班的时候会由于染病回不来，如果病情发展到人力不可挽回的地步，就会从此永远地离开家人，离开这个世界！然而，他们心中的正义之火战胜了犹豫！发自内心地呼喊出：我决不能当逃兵！我要履行我的誓言和职责！尽管前面有同志倒下去了，后面接着又有人冲上来，倒一批，上一批，真是前仆后继！这种英勇作为和董存瑞托起炸药包、黄继光堵住敌人枪口有什么区别呢？！当时，记得我还提出过这样的要求，为了减少感染的机会，尽量简化医护工作。但是，医生、护士进入感染区后，看到病人被痛苦拆磨着，早忘记了个人的安危，一心只想着如何使病人早日脱离苦海和危险，总是"零距离"地为病人诊病、翻身拍背、口腔护理、喂水喂饭、擦身端大小便……一项都没有落下，为了减轻病人由于被隔离后产生的孤独感，还尽量找时间与他们交谈，安慰他们。看着他们长时间地停留在感染区，与患者频繁地接触，我没有因为他们违背要求而恼怒，反而为他们可敬的专业精神而感动。面对着这样一支可爱的队伍，我常常自责：我为什么把这支队伍的素质估计低了？为什么对他们没有信心？！我要重新认识这支队伍！特别令人难以忘怀的是我们的中层干部队伍。一线科室的科主任、护士长以身作则，冲锋在前；二线科室的科主任、护士长以大局为重，要谁派谁，人手紧张，自己顶班；职能部门的负责人如医教部、护理部、设备部、后勤管理公司、药学部、办公室的同志们，天天摸爬滚打在第一线，他们的语言都变得简练了："行！""明白了，马上落实！"解除了我对医、护、药、后勤支援等具体业务工作的担心，省却了我对协调、督促工作的操心，医院像一台高速而又有条不紊地运转着的机器。

　　罗曼·罗兰曾经这样定义英雄：所谓英雄，就是做到了自己力所能及的事情。其实，英雄就是这样一个人，他在关键时刻做了自己力所能及的、符合人类社会利益的事……审视他们所做的一切，难道他们还不能被称之为英雄吗？

　　还在健康地工作着的同志，义无反顾，赴汤蹈火。不幸染病倒下的同志受尽病痛的折磨，天天在水深火热之中，高烧都在39℃～40℃之间，神志不清，头痛欲裂，全身像散了架似的，连说话的力气都没有，只能靠手机互相发短信息，传递着生命的气息。更令人难以忍受的是呼吸困难。SARS的正式名称应该是急性呼吸紧迫综合征。许多染病的同志事后说起来，当时觉得像被人硬按着头在水中，无法呼吸，平时壮如牛的小伙子，连站起来都成为不可能，有些病人因此而有轻生的念头。每次我进入隔离区探望他们时，看到他们由于病痛折磨而扭曲了的脸时，我的心都在流泪，感到深深的愧疚。太对不起他们了，他们是与 SARS 搏斗的战士，我却没能阻挡住 SARS 对他们的攻击。然而，我们染病的同志却无怨无悔，听说我们去看望，怕我们担心，马上止住痛苦的呻吟声，装着轻松地微笑，连说：好多了！好多了！平时，他们相互之间交流着战胜病痛的体会，相互鼓励着走过这段最困难的日子。他们还不忘与继续战斗着的健康的同志交换意见，以自己切身的病情变化，切磋用药的方法，使我们治疗 SARS 方案越来越成熟。那时候，我的手机经常收到染病同志发来的短信息，他们或者送我一个心型表示着团结一心；或者告诉我："我没事的，院长请放心"，"我会坚持住的，院长不要担心""咬紧牙关坚持，一定有拨开云雾重见天日时"，我不敢在公众场合看这些短信息，因为我一读起来就泪流满面。我往往避开有人的地方，哽咽着把信息读完。真是生死见真心，危难见真情！

老同志爬上八楼的办公室，找我谈话，要我少进隔离病区，注意不要自己倒下；年轻的医生、护士在隔离区门口挡住我，不让我进入，还抢去我的隔离衣；后勤的职工，对 SARS 的防护没有多少知识，就到光孝寺求来平安符，让我随身带着……，干群之间的鱼水情，更使我感到责任的重大，我对自己说：一定要把防护做得最好最好，最大可能地减少医务人员被感染；一定要让每一个不幸染病的职工得到最好的治疗、最好的照顾，不能让他们受半点委屈，决不放弃他们中任何一个人！

二沙分院急诊科的主任张忠德、护士长叶欣是为抢救 SARS 的危重病人同一天病倒的，当天发烧时，肺部还没有变化，就像其他病人一样，先放在急诊隔离观察，没有安排入感染区，以免本来不是 SARS 却因此而染上了 SARS。我和罗副院长、黄副书记去探望叶欣的时候，叶欣一见到我，就笑着对我说："院长，我发烧了！"语气就像一个孩子对疼爱自己的长辈轻松地诉说做错了事似的。第二天明确诊断为 SARS 了，转入了感染区，我去看她时，第一句话就说："院长，对不起，我中招了！"我一靠近她的床沿，她马上就发急，用手捂着已经戴着口罩的口鼻，大声叫："不要靠近我，会传染的。"我只好止住脚步，看着她由于高烧而通红的双颧，鼓励她挺住。她反过来安慰我："院长放心，我会挺过来的，我很快就会上班！"但是，天公总爱捉弄人，叶欣的病情发展得很快，不几天就被转进了 ICU，并且插了管，我们用尽了一切可以使用的办法，采取了一切可能采取的措施，都没有使她的病情有根本性好转的迹象，我的心深深地被刺痛了，我多么期望全院职工一个不漏地欢聚在胜利的总结会上，我甚至设想过一定要在会上读出每个因抗击 SARS 染病的职工的名字，一定要为他们每人送上一束感谢的鲜花。但医务人员的职业敏感使自己意识到这已经是不可能了。我反复地发问，难道要用我们战友宝贵的生命去结束这场战斗？！令人感慨的是，在 ICU 叶欣病房的左边，是她昔日的战友张忠德主任，他经过与死神的殊死搏斗，终于挨过来了；右边是她抢救过的既有急腹症，又患了 SARS 的病人，他也一样由于呼吸困难插了管，经过医务人员的细心治疗，康复出院了。唯有叶欣，我们留不住她，3月25日凌晨1时多离我们而去，当我赶到病房要与叶欣最后告别时，见到了叶欣的先生张慎同志，他就叶欣的身后事，仅仅向我提出了两条要求，根据叶欣生前的意愿，一是叶欣一辈子热爱护士工作，请医院为她穿上一套护士服走完人生的最后一段路；二是委托我了解一下由于抢救叶欣而染病的医务人员名单，他要代叶欣去慰问他们。面对着这样好的职工，这样好的职工家属，我无言以对，只有任由热泪夺眶而出！

叶欣的去世，使我一下子显得苍老了，头上的白发骤然增加了不少。令我终日惶惶不安的是，我担心叶欣不是最后一个为抗击SARS而牺牲的同志，当时有一批医务人员还在死亡的边缘徘徊，如刘涛、曾影红、张忠德、张海兰、吴万垠、刘泽银、江俊珊、黄东晖、李健、汪蓉……，都曾经令人担惊受怕，彻夜难眠。他们的病情都发展到了与死神握手的边缘了。医院实在不能再经受第二次打击了。为了使染病的职工能尽早康复，我向治疗小组提出，在他们的思维中，不应当只是问医院有没有这种治疗方法，而应该问全广东、全中国、全世界有没有这种治疗方法；不要问价格高低，只问这种治疗方法是否病情需要；不要问这种药品使用与制度要求有没有冲突，只问这种药品是否有效。我们要运用人类文明的一切成果，运用可能想得到的一切办法，来抢救患者和染病战友的生命。

面对巨大的痛苦，我们的战友没有一声埋怨，没有一句后悔，反而感谢医院给了他们第二次生命。他们刚出院就要求尽快来上班，并且自言有抵抗力，应该再回第一线，他们为了抢救其他染病的患者，帮助进行抗击SARS的科学研究，还把自己有了抗体的鲜血献出来。

突然面对的危险最能检验一个人的品格，最能考验一支队伍的素养，与SARS搏斗让我们有70多个人染病倒下，有的同志甚至献出了宝贵的生命，但同时又让人看到了他们身上散发出的凛然的人性光芒。经过这场战斗的洗礼，我相信，再也没有什么困难能够压垮省中医院人，没有什么风浪可以摧毁我们这支队伍！

在医务人员以自己血肉之躯与SARS搏斗的过程中，专家们呕心沥血，努力探索治疗SARS的最好方法。他们为了病人的利益走到一起来了，显得更加协调和合作，相互贡献意见，毫无保留；相互接受对方，没有芥蒂。我知道，人类对这个疾病的认识还很肤浅，因此，形成一个反映所有研究最新成果的治疗方案，从而提高疗效，不仅要集中全院相关专家的智慧，还应当把医院当成一个开放的系统。一方面向社会贡献自己有价值的意见，另一方面吸收来自各方面的经验和教训，使我们的治疗方案得到最优化。在我们的诚意之下，广医呼研所、省人民医院、中山大学的专家来了，广州中医药大学和一附院的专家来了。特别令我感动的是，已经80多岁高龄全国名老中医邓铁涛教授，多次亲自当面指导临床第一线的专家，还有北京的晁恩祥教授，天津的崔乃杰教授，长春的任继学教授，他们不顾年事已高，不怕进入疫区，不远千里迢迢，亲临现场指导。我们还充分发挥全国名老中医在我院师带徒的作用，发动徒弟请教师傅。非常令人钦佩的是，这些师傅，如上海的颜德馨，南京的周仲英，北京的路志正、焦树德、陆广莘，南通的朱良春，都贡献了非常重要又非常有价值的意见。我心里充满了感激之情。团结一致，众志成城，没有克服不了的困难。

探索的道路不会是平坦的，需要越过一道道的急流险滩，取胜之道最重要的是崇尚科学，实事求是。开始有人说治疗 SARS 中医药没有用。但是，我们在大量的临床实践中证明，中医药治疗 SARS 是有作用的，这是不争的事实，谁也没法抹掉它的临床疗效。当然中医药在人体内的作用机理，人们一时可能还不能完全回答清楚，这只不过是因为人们对自身的许多规律还没有认识清楚，并不能由此而推断出中医药是无效的结论。正如以前人类还没有认识宇宙的运行规律，无法解释为什么太阳早上从东方升起，晚上从西方落下一样，并不能因此否认太阳升降这一事实。在这个问题上，我非常钦佩钟南山院士尊重事实，尊重科学，敢于以真理为依归的品格。也有人说：治疗 SARS 靠几副中药就行了。如果说这作为一种学术观点，无可厚非。但是，当时有人要把这种观点发表在有影响的刊物上，并且冠以我们医院的经验，我觉得就不能沉默了，因为这有可能影响领导层的决策。可幸的是记者们非常慎重，非常注重实事求是，听取了我们的意见，强调中西医结合。推动中医药的发展，不仅要充分认识中医药的优势，把中医药的长处说够，也要敢于承认它的局限性，敢于正视它的不足。我们这样认识的目的，是要在中医药发展的过程中发展它的优越性，克服它的局限性，弥补它的不足之处，从而发展这个学科。这和否定这个学科是性质不同的两回事，不能混为一谈。如果把这个学科神化了，不仅阻碍了这个学科的发展，还会使人对这个学科的科学性、严谨性产生怀疑。中医、西医都有各自的学科优势，又有各自的局限性，如果能够克服偏见，用两者的长处去面对人类的疾病时，一定能够造福于人类。

我们用生命、健康和血汗摸索出来的中西医结合治疗 SARS 之路，得到了同行的认可，国家中医药管理局的推崇，世界卫生组织专家的赞赏，胡锦涛总书记的关注，真是令人兴奋。特别令我激动不已的是，胡锦涛总书记不顾个人安危，进入疫区，来广东省视察时，他坚持要探望医务人员。我们有幸接受总书记接见的同志约定，与总书记握手时，用一句话做自我介绍，当我介绍"广东省中医院"时，总书记似有所闻，轻轻"啊！"了一声，我感到很奇怪，后来，我利用告别之时，鼓足勇气向总书记建议："治疗 SRAS 最好中西医结合。"总书记马上说："我在网上已经看到了，世界卫生组织评价很高嘛！中医药学是我们祖国宝贵的医学遗产，应该发挥作用。"这时，我才释然，总书记是多么关注人民的健康安危，多么关注中医药的发展啊！真是"三个代表"的忠实倡导者和模范执行者。

SARS 对广东的攻击逐渐在减退，而对香港的攻击却方兴未艾。这个时候，香港医管局高永文先生带着一批专家来医院交流防治 SARS 的经验。不久，他又与我通电话，要求派两位医生到香港，为有需要的 SARS 患者治疗。接到这个邀请，我犹豫了许久。邀请中医药进入公立医院诊病，这在香港医疗史上是开了先河的，但这既是机遇也是风险。在国内，用中西医结合的方法治疗 SARS，即使中医药的效果差一些，也没有人去说。而在香港等于把你所有的东西都向全世界展示出来，有疗效了，那么就让世界认识了中医药，让中医药有机会走向世界；疗效不佳，就会给中医药抹黑，对中医药事业的发展带来负面影响，责任重大啊！这时，一些对中医药缺乏信心的人，甚至给我打来电话，说这是香港某些人的阴谋，他们是想向全世界证明中医药无效。然而，回顾两个多月的实践，我相信中医药的临床疗效，相信我们队伍业务素质的水平。我欣然应允了香港医管局的要求。可幸的是，林琳、杨志敏两位专家很争气，在香港奋战三个月，取得了很好的效果。香港主要媒体都做了多次大篇幅的报道。医管局还这样宣传："世界卫生组织认可中医药治疗 SARS 的作用，鼓励医生在治疗 SARS 中使用中药。"他们的成功，要感谢医管局提供了良好的工作条件和生活条件；要感谢全国名中医邓铁涛、颜德馨、周仲英等的精心指点；要感谢医院近十年的人才发展战略。邓老多次说过"机遇钟爱有准备的人"。人创造奇迹常常是在瞬间，但没有一个创造奇迹的人是依靠瞬间的。正是由于他们在医院"育人工程"的推动下，平时刻苦努力，点滴积累，才会有今天的成功。

　　与 SARS 阶段性的战争，可以说是告一段落了。这场战争的背后，却给了我们很多的启示，其中，令我难以忘怀的是这样一句话："人类在与疾病斗争的过程中，没有高水平的技术一打就垮；而没有高尚的人格、敬业的精神，不打自垮。"

杜鹃再拜忧天泪，精卫无穷填海心

——回忆"抗非"的日子

★★★★★

叶建红

自从 SARS 在广东爆发以来，我院作为最早收治 SARS 病人的医院之一，在这场战斗中，经受了战火的洗礼，取得了巨大的成绩，锻炼出一支优秀的队伍，涌现出许许多多像叶欣同志一样的英勇战士。医护人员勇挑重担，冲锋在前，前仆后继，舍生忘死，不怕牺牲，院党委坚守在战斗前线，不怕感染，亲自指挥，果断决策，带领全院上下团结一致，众志成城，齐心抗击 SARS。

在这场没有硝烟的战争中，我们没有垮下去，反而始终挺立在最危险的地方，为了不让 SARS 肆虐，我们身边的同事甚至失去了宝贵的生命。回想起在抗击 SARS 那段日子里自己以及战友的一点一滴，不禁思潮澎湃，难以平复。对这场战争，自己曾亲历过它的残酷和紧迫，对身边的战友所做的抉择感同身受。这段日子有太多的事情让我难以忘怀,有太多的人让我以之为榜样。

就拿叶欣同志来说吧。叶欣护士长在这场没有硝烟的战斗中,为抢救"非典"病人不幸感染,以身殉职,匆匆离我们而去,离开了她熟悉的工作岗位,离开了她热爱的护理事业,离开曾和她并肩作战的同事们。我作为一名省中医院的人,为有叶欣这位优秀的护士长而感到骄傲。

在抗击 SARS 中,医院党委、党支部作为战斗堡垒,起到了中流砥柱的作用。在这场战斗中,院领导榜样的力量鼓舞着我,指引我以后的工作方向。他们身先士卒,一直坚守在抗击 SARS 最前线,树起了抗击 SARS 的光辉旗帜。他们既是优秀的将军,也是出色的士兵。在抗击 SARS 早期,院里成立了临时隔离病区,成立了"非典"领导小组和专家小组,吕玉波院长每天主持抗"非典"专家会议,掌握每个新收病人的情况,制定每个危重病人治疗方案,掌握第一手最新资料,指导每项消毒防范措施,每天看到他出入在隔离病区的身影,为了打好这场战斗,他呕心沥血,日夜操劳,有多少个夜晚没睡上一个完整觉,头发白了许多,他付出太多。在叶欣护士长病情危重,生命最后阶段时,他几次到护理部来说:"如果叶欣护士长真的去世的话,我对不起她的家人,对不起全院职工。"他把病人的生命,职工的安危放在首位,而自己由于过度劳累,也病了,也发烧了,但只是偷偷地吃了药就这样熬过来了。

罗云坚副院长,他是一位年近六十的人。在战斗期间,他像年轻人一样,每天进出隔离病区,每天亲自为病人诊脉,每次重病人抢救他都要亲临指挥,每天疫情发展动态他必须掌握。患有腰椎间盘突出、心脏病的他,为了研究、制定出一套完整有效的中西医结合治疗方案,他查找大量资料，请教了国内外十多位中西医专家，大大提高了危重病人抢救成功率，降低了死亡率，缩短了治疗时间，得到了北京、香港同行们的认可。大家或许不知道，在救治病人期间，他好几次心脏病发作，但是他一边打补液，一边工作，从来没休息过一天。

在这场战斗中，我主要负责消毒隔离防范工作，具体如隔离病区的区域划分，穿脱隔离衣的步骤，空气消毒的消毒液的选择，在 2 月初 ICU 护士长病倒后不久，由于 ICU 的 SRAS 病人越来越多，护士人手显然不够，由于环境布置的特定原因，消毒隔离措施等又有待改善，有一天专家组会上，吕院长说："小叶，你从今天开始就到 ICU 去，负责护理工作，你原来负责的消毒隔离工作由张广清主任代替。"一瞬间，在危险和安全、健康和染病的决策选择当中，作为一名共产党员，一名省中医院的职工，在这关键时刻，我必须迎难而上，挺身而出，我点点头，回答说："我去。"在 ICU 期间，在医护人员大量被感染后，我一直在思考同事被感染的原因。是我们的防护措施没有落实，还是他们劳累过度而感染呢？后来在院务会议上我提出要把办公室、治疗室远离隔离区域，形成一个完整的清洁空间，减少无形的感染，这一建议得到了采纳，并且配合医院的决策，在 ICU 增加风扇，加强机械通风，改善空气流通，缩短护士上班时间，从原来 8 小时改为 4 小时，全力抽人支援，保证他们的休息时间，消毒隔离加强完善，我院医务人员在 4 月初感染得到控制。

我在 ICU 工作期间，身边同事的大无畏精神深深震撼着我。由于 SARS 来势凶猛，在医护人员不断被感染的时候，院里曾要求护士对 SARS 危重病人的基础护理能免就免。可是我听得最多的就是护士们说：他们都是我的兄弟姐妹，我不忍心这样对待他们。在 ICU，还有一件事就是刘旭生主任发现叶欣护士长病情突变时，需要请示张敏州主任，刘主任致电其家，才知道为了全力抢救 SARS 病人，张主任已经有一个多月没有回过家了。虽然张主任连回家的时间都没有，但是他非常关心科室的护士，常常问长问短，提醒她们一定要注意身体，就像一位慈父关心孩子的生活。在我到隔离病区探视病人时，每一次都能看见张主任和病人交谈着。在 ICU 工作，就好像是在战场上带领一批战士在冲锋，一定要保持最旺盛的战斗力。曾经有一个护士，体温连续三天达到 37.4℃，为了保存 ICU 的战斗力，不管她有没有被感染，我还是安排她休息，在她休息期间，每天都惦念着她的身体情况，一天电话问候两遍，知道病情没有异常才放心。在 ICU，很多护士因感染而病倒后，没有告诉家人，却躺在病床上给我发信息说："主任，我们虽然病倒了，但是我们一定会没事的。你也要注意身体。" 在 ICU 人手短缺的情况下，要从其他科室抽调人手来支援 ICU，起初我很担心这些援军的技术跟不上，例如呼吸机的参数指标的观察、危重病人的护理、各种管道的护理等等，就利用中午、晚上的下班时间，安排 ICU 的护理骨干、医生为她们开小灶，在短短三天内，她们就基本达到了护理要求。科室本来已经为吴巧媚在 3 月中旬安排了三天婚假，但她结婚后的第二天，深知 ICU 缺乏人手，只是休了一天假便跑回医院上班了。还有那些已经生了小孩的护士，为了打好这场仗，不知道付出了多少。小孩病了，做母亲的不能尽母亲的责任；父母病了，做女儿的不能尽女儿的孝道。正是有了大家的共同努力，我们才得以出色地战胜了SARS。在ICU，我每天都被护士们前仆后继、积极乐观的工作态度，顾大家舍小家的无私奉献所感动着。

在叶欣护士长进行气管插管的那天晚上，从7点开始，吕院长每隔半小时打一次电话询问病情变化，在我11点接到他的电话时，了解情况后他说："小叶，如果无特别情况的话，你早点去休息吧，要保重身体。"那一瞬间，我流泪了，吕院长，你在关心我，关心每一个职工的安危，可你却一点没关心过自己，爱惜过自己的身体。

在ICU，我时时刻刻都在提醒自己，一定不能倒下，一定要坚持到最后，一旦倒下，我这个不算年轻的年轻人，一方面会给社会、医院增加很多负担，另一方面，无法履行对家庭的责任和对孩子的真爱，一定不能倒下去。

有一种情怀，叫奉献，有一种奉献，叫牺牲，我们现在胜利的道路，就是无数医务人员用青春、奉献乃至生命铸就出来的。我们要继承叶欣护士长没有完成的护理工作，用实际行动，做好本职工作，学习她把危险留给自己，把安全留给别人的大无畏精神。在平凡的护理岗位上，贡献自己的毕生精力。

在抗击SARS取得阶段性胜利的时刻，回想起战斗的三个多月，自己的人生观、价值观不断得到了升华，那段激情燃烧的岁月，将会激励我以后的人生。在经历过这场战争后，榜样的力量深深感动着我，杜鹃啼血、精卫填海的精神深深打动了我，在以后的工作中，我将会为医院的发展、全人类的健康贡献出自己的一份力量。谨以此文自勉以及与战友共勉。

→ 天 职

★★★★★

张忠德

　　"我是一个医生！我是一个急诊科医生！！我是一个呼吸内科医生！！！这些对于 2003 年初春工作在羊城的我，意味什么？——我义无反顾地投身"抗非"战斗的一线……可恶的"非典"害得我有家不能归，夜不得眠。

　　开始我暗暗地担心科室其他同事及家人。当时看到大家工作时神情都多了一份凝重，话语也少了些，只是默默而又紧张地忙碌着……听到他们匆忙的脚步声，我的心情也格外沉重，毕竟这个病来得太凶，有太多的未知数，社会上有太多的传言，而他们又都是人而不是神，我不知道他们会怎样。有人会"逃"吗？一天、两天、一周、两周……时间一天天过去，既没有讲什么大道理，也没有什么豪言壮语，却一个都没有逃，连护工都没有"逃"！更没有家属拖后腿。全科人员勇敢地面对这突如其来的"病魔"。

我从内心里深深地感激他们，为他们自豪。我想这就是医院领导、院党委长期以来抓医院文化建设的成果吧，医院"以人为本"的管理牢牢地印在每个职工的心里；他们以身作则的风范深深地感染了每个职工，"医院为人人，人人为医院"变成了一种自觉行为！

由于当时全世界对这个病的认知都不多，我们每个人都有随时倒下的危险。第一线的危险性很大，急诊危重病人是否是"非典"都是个未知数，但必须立刻投入抢救，心脏复苏、气管插管、上呼吸机等等都是最危险的，可是大家都一言不发地抢着干。连正在休婚假的江医生都中断婚假赶回来参加战斗，这些是多么可亲、可敬，又尽职的人。我们当时尽可能地做好自我防护工作，防止出现群体性感染；另一方面又不能放松对每一位患者的救治工作。"这里危险，让我来吧！"在这个非常时期，作为护士长，叶欣同志说出这样的话需要多大的勇气和无私的爱心。我为我曾经有"手下的人会不会逃"这样的念头感到羞耻，我为有这么好的护士长而骄傲……

这段时间，一些亲戚、朋友纷纷打电话来问候，并试探地问："为了孩子、为了家人，能不能把工作放一放？"我知道，这是他们的好意与关怀，可我心里只有一个念头："这是我的天职。"

3月4日，一个铭心的日子。这天我照常起个大早，打个电话回家里。由于这段时间接触"非典"病人较多，怕传染家人，所以一直未回家居住，但每天早晚都要跟家人通电话，算是报个平安吧。上午忙得不得了，吃过午饭已是下午1点多了，我赶去总院看下午的专科门诊。大概是下午3点多，灾难开始降临，覃小兰医师来电话说护士长（叶欣）高烧不退！我意识到问题的严重性，即刻赶回科室。拍片、抽血、诊断、隔离、上治疗方案……安顿好她以后，已是下午6点多。我感觉到从没有过的疲倦，肌肉酸痛，走一步都艰难，不祥的预感在心头一闪，我马上叫护士拿体温计给我，"38.5℃"，真的不幸，我跟护士长一样也成了"非典"病人。吕玉波院长、罗云坚副院长闻讯后，马上放下手头要紧的活，赶来看我们。看着他们充满关爱的眼神，我只有深深的自责与懊恼——恨自己没做好工作，这么快就倒了。第二天我被转入我曾工作过的地方——ICU。

持续高热、肌肉酸痛、头痛欲裂、口干、腹泻，这些都还是初始症状，我知道真正的考验还在后面，于是便开始拼命吃东西，尽量减少活动，减少消耗，希望能保存实力与"非典"抗争，渡过难关。

日子一天天过去了，我的病情越来越重，气促，咳嗽，不能下床活动，心悸，院领导冒着生命危险天天都到床边来问候，给我打气，"德，要顶住！""你会好的，一定要坚持！""放心，家里的事有我们"。一个坚定的眼神，一次轻轻的握手，短短的一句心里话，在这最高危的ICU中胜过千言万语……

高峰期到了，我整天整夜地咳嗽，气喘亦越来越重，我24小时用着呼吸机，吸氧浓度从3升到4升……8升。我知道我跟"非典"的另一场战斗开始了，在我最困难的时候，我听到吕院长、罗院长、黄书记等领导早已动员全院一切力量、所有部门，不惜一切代价抢救患"非典"的职工及病人；"不管是多贵的药或设备，只要是治疗需要的，不管多难，随时都得买回来！"我看见有丰富治疗经验的专家组刘伟胜、林琳、张敏州、杨志敏、冯维斌等主任、教授天天为我诊治并制定周密的治疗方案，还多次请广医一院黎毅敏院长、陈荣昌教授来一起商讨救治方案，甚至不远千里从天津请来了治疗重症的著名专家；我看见 ICU 全体医护人员面对随时可能被我传染的危险却毫不畏惧，一丝不苟地为我做精心的治疗和护理；所有同事、朋友毫无保留地支持、鼓励我，就连八十多岁的廖冰兄老人都叫家人送来了他亲笔书写的祝福卡，我知道我一定能打赢这场仗。

3月24日的早上，我度过危险期，带着重获新生的喜悦离开了ICU，虽然还不能站立，也不能行走，但那种"活着多么美好"的心情是以前从没感受过的。在 ICU 门前，我病后第一次见到了我的妻子。20 天，仿如隔世，看见她变得极度消瘦而又憔悴的脸，我无言以对，只觉得欠她的太多太多……

可是也就是在这一天深夜，我的同事、我敬爱的叶欣护士长却再也没有醒过来。当我听到噩耗时，顿感天昏地暗，悲痛万分，恨苍天如此无情。一整天我滴水不进，流干了眼泪，却不愿相信那是真的。那几天，每当我闭上眼睛我就见到她的音容笑貌，见到她在手把手教导新来的护士如何护理危重病人，或苦口婆心地教育"犯错"的姑娘，或安慰受了委屈而又爱哭鼻子的"小丫头"……

"我必须好好活着，完成护士长未竟的事业！"我暗下决心。

经过隔离区同事们细心的照料，4月4日，清明节前一天，我终于康复出院了，对于一个与死神擦肩而过的人来说，眼前的一切一切是多么的美好，飞驰的车轮、灿烂的灯火、生机盎然的春色、几声不知名的小鸟清脆的叫声——怎样一个"美"字了得，我更热爱生活了，"珍惜、知足、感恩"就是我对生命的感悟。

△ 叶欣雕像

作为医生，我不后悔，只有尽责；作为病人，除了庆幸，我心存更多的是无尽感激。

如今我已康复，又回到了熟悉的工作岗位，看着近在咫尺的叶欣护士长的雕像，我丝毫没有感觉到她已离去。每天早上交班会我都悄悄打开窗户，为的是让她能听得清楚些。"护士长，今天的交班规范吗？昨天我们的工作有哪些要改进的地方吗？"交班完毕，我心里总是念叨着。

写着写着，眼前的字越来越模糊……不经意心里又想起了还在读小学的儿子。住院时，我每晚都跟他通电话，他说想听我的声音。有天晚上，我咳得不得了，一早服了镇静药竟睡着了，结果他一晚没睡着觉，在等我的电话，他牵挂着，他在担心着，心里在想会不会……直到第二天早上，护士把我叫醒，打开手机，听到他带哭的声音:"爸爸,你不讲信用,昨晚不打电话给我,又关了机……"那幼稚的责怪声中带着明显的焦虑与担忧,我深深地内疚与自责。后来他跟妈妈说,在我住院的时候,很多晚上他都是在梦中哭醒的。昨天他竟然说写了一首诗送给我:

非典时期

非典时期人慌慌,路上行人雾茫茫,
借问非典何处治,爸爸笑指小汤山。

那意思,好像明白,又不知什么味,这孩子……

想着想着,不觉街上的汽车声渐渐稀疏,路旁那发着淡淡黄光的路灯似乎也有了睡意——明天我还得继续我的天职!下辈子,我还要做医生!

➡ 在庆功的日子里

★★★★★

张 慎

2003 年 6 月 19 日,锣鼓喧天,群狮齐舞,一派节日的气氛。广东省委、省政府在广州中山纪念堂，隆重召开全省抗击非典先进集体和先进个人表彰大会，对在我省抗击非典型肺炎战斗中，做出重大贡献、取得优异成绩的 736 个先进集体和 7964 名先进个人予以表彰。功臣们兴高采烈，喜气洋洋。是啊，我们万众一心众志成城，付出了沉重的代价，终于打退了疫魔的突然袭击，怎能不高兴，为什么不庆功呢？可是，我的心，却是沉甸甸的，总有一种悲壮的感觉。

那天，我作为烈士家属，应邀坐在主席台上，看着一个个先进集体的代表和一名名功臣鱼贯地上台领奖，我却默默无语，心潮澎湃，悲喜交集。在这场没有硝烟的战斗中，我的损失极其惨重，心中的血将会流一辈子！当黄华华省长代表省委、省政府向我颁发烈属慰问金和少先队员向我献花的时候，我更是想掉泪。

会后，我第一时间一个人匆匆赶到广东省中医院二沙分院，将鲜花放在叶欣塑像前。长时间默默地和爱妻的目光对视着，暗暗地对她说，亲爱的欣，在党和政府的正确领导下，在你生前战友的浴血奋战下，全省人民万众一心众志成城，这一仗我们终于胜利了！你的生命付出，终于获得了回报；这束鲜花是党和人民献给你的，他们给予你很多的奖赏和最高的荣誉，你可以安息了；我想，你在九泉之下听到我的话和看到今天的情景，一定会露出灿烂的笑容；可是，爱妻啊，你的笑靥我只能在梦中寻找了。

中午，广东省中医院举行庆功宴，吕玉波院长邀请我参加。在抗击非典型肺炎这场没有硝烟的战争中，他们可谓是损失惨重伤痕累累，先后有76人倒下，其中叶欣更是壮志未酬身先去。可是，在医院党委的领导下，在共产党员的带领下，全体医务人员浴血奋战，没有一个人畏缩后退。前面的人倒下了，后来者冲上来，倒下者爬起来又继续战斗。前仆后继，义无反顾，勇往直前，直至胜利。把一个个患者的生命从疫魔手中夺了回来，其成绩辉煌战果累累。在今天的表彰中，广东省中医院获模范单位称号，18个科室受到表彰，其中模范集体4个、先进集体4个和嘉奖10个；还有294人受到表彰，其中叶欣1人获模范共产党员革命烈士称号，7人获一等功，26人获二等功，200人获三等功，60人获先进个人称号。在座的功臣们，都是叶欣生前的亲密战友，都是经历了生与死考验的中华赤子。看到他们激动的神情，我不禁回想起那并不遥远的难忘的日日夜夜，更是勾起思念爱妻的情感。我再也控制不住自己的情绪，热泪夺眶而出。这些泪水，有失去爱妻的悲伤，也有夺取胜利的喜悦。我哽咽着对同志们说：作为患者家属，我十分感谢医护人员在抢救叶欣的过程中付出的爱心与代价，尽管她已经远去；作为职工家属，我为医院在付出沉重代价后所取得的辉煌，感到由衷的骄傲。这确确实实是我的心里话。

让我们永远记住这场没有硝烟战争的日日夜夜吧，记住所有在这场战争中付出爱心和代价的白衣天使吧！是他们，以自己的血肉之躯，为百姓健康筑就了新的长城。有这样的白衣天使在，我们何惧非典疫魔卷土重来！

媒体报道选录

→ 她化作了一缕阳光

——记叶欣

★★★★★

沈仁康

3月25日凌晨1点半，她走了。

她不再为"非典"折磨而痛苦难忍了，她再听不到亲人和同事们含泪的、挽留的呼唤了，她因为战斗远没有结束而带着无限的遗憾走了。她走得太匆促了，她才47岁。

长天洒雨，人间挥泪。

叶欣，广东省中医院二沙分院急诊科的护士长，一个平凡的人。但她不平凡的灵魂已化作灿烂阳光的一缕了，已成为天籁的一个音符了。

广州人民是熟悉这样一些女英烈的：1928年，陈铁军以刑场上的婚礼，名留青史；1958年，何济公药厂女工向秀丽，因为酒精瓶爆炸，她用血肉之躯卧地挡住了燃烧的酒精流向易爆物而牺牲；2003年，叶欣在抗击SARS的战场上倒下，她的名字家喻户晓。广州因为有了她们更显得美丽。

我在访问叶欣的亲人和同事时，听的尽管不是金戈铁马的故事，但我为世间的真情常含泪水。几十年的和平生活，我们很少听到悲壮的故事了，今天又重热血奔腾起来。"非典"的袭击，无疑是一场大灾难，但在抗击这场灾难时，却涌现了值得我们骄傲的英雄。冰清玉洁的灵魂，感天动地的真情，展示了我们民族精神中的真善美。叶欣的出现，提升了整个医务界的社会地位。人们在说："应当重新认识医务界的价值。"·

春节过后，早开的木棉灿若群星般闪烁在天空了。

一种突如其来的灾难袭击了广州。从未见过的疫情凶恶地扑了过来。

广东省中医院大德路院本部，首先发现了"非典"病人，并证明了这种病具有可怕的传染性。

此时，叶欣却提出，主动要求去院本部支援护理。她没有听过那些危言耸听的传闻吗？听过！她不知道这个"非典"的危险吗？知道！她没有看到医务人员被感染吗？看到！可是，她仍然要迎上前去。

叶欣是位责任心极强的人，她想亲自去学习一些经验，回来给科里的年轻护士做示范。既然有危险，更该由自己去。她做了近20年的护士长，长期的超负荷运行和劳累过度，常年的站立，长久的低头弯腰操作，她体质本不好，颈椎腰膝关节都有劳损，但她上进心强，生命力强，在工作岗位上她从来精神饱满。病人反映，她总是一脸微笑。尽管她回到休息室时，有时累得连说话的力气都没有了。

随后，二沙分院也出现了"非典"病人，叶欣又从院本部回到了二沙分院。

急诊科高烧病人多起来，最多时一天100多人。十多个护理人员根本忙不过来。工作量大不说，危险也在骤升。你一开始根本弄不清哪位是一般发烧哪位是"非典"发烧，很难防护自己。

但既然选择了这个神圣的职业，你就要当好人民的保护神。

那一时期，广州天气也时好时坏，经常连续几天弥漫着雾和霾。没有风，潮湿，很闷。这种天气对防病很不利，更容易受到感染。

当时还弄不清原因，以为强力霉素等抗生素能够遏制"非典"病毒。医院要大家吃这些预防药。叶欣就督促大家按时吃药。身材瘦小的容丽瑜（后来她接了叶欣的班，当了护士长）一吃这些药就反胃、呕吐，不肯吃，叶欣一定要看着她吃下去以后才放心。她指指走廊里候诊的病人说："你看看，每天这么多病人等着我们呢！我们不能病，我们要防护好自己。"

2月28日，一位患肠梗阻的病人，腹痛如绞，在外科动了手术，肠梗阻得到了治疗。可是，另一种病症又显现出来：高烧，干咳，乏力，全身肌肉酸痛。富有弹性的肺叶失去了收缩能力，X光下，肺部没有了自然造影，变成了"白肺"。他同时得了两种病，初时肠梗阻的剧痛暂时掩盖了"非典"症状。他又被送到急诊科抢救。他喷出了大量血痰。叶欣离得很近，被喷了一身。抢救要紧，根本没有时间考虑其他，直到操作完毕后，叶欣才去清洗消毒。当时的防护服还不是后来的那种，眼睛、颈部等等，都是裸露的，口罩也不严密。

容丽瑜说："当时我是在叶护士长身后的，她像大山一样挡住了我，我没被传染。叶欣和其他几个人全病倒了。其他的人后来全治愈了，只有她，叶护士长离开了我们。科主任张忠德也病倒了，后来虽然痊愈，可是视力下降，他还是位30多岁的年轻人。"

潜伏期，叶欣仍和平时一样忙碌。第二天中午，护士给她买了粥、蛋糕回来，到下午 3 点钟都没有吃一口。她眼睛发红，疲乏，浑身酸痛，没有食欲。一向像牛一样工作的她，还是不肯休息。第三天，她一想到有两名实习生来科里实习，又跑到科里上班；第四天，有抢救任务，她硬挺着回来了；第五天，她又和平常一样起床了，不过她又躺下了，她对丈夫张慎说："我真累。"她还不愿意请假。平时她骑旧自行车上班，这回骑不了了，她要求丈夫用汽车送她。还说："送近点儿，送到医院门口，我走不了了。"这天上班后，她对科里人说："不知怎么啦，我就想睡觉。"中午，护士给她去打饭，回来见她睡着了，护士们不想叫醒她，心想，她太累了，让她好好休息一会儿吧，就是一头牛，总也要卧倒在树荫下，悠闲地吃一会儿草，悠闲地放松一下。不过，她又醒了，她乏力地说："我好像发烧了。"果真，39℃。她从此被隔离了，直到去世。

她被隔离了。她仍用手机打电话到科里，关心科里的同事，一再要求她们小心，她问："你们没有发烧吧？"又说："我没事，过几天就会好的，就会回到科里工作的。"她还关心地问："9 床上呼吸机后，血氧饱和度上来没有？5 床每小时尿量多少？注意给危重病人按时翻身……"

听到她的声音，护士们哭了。她病得十分严重，加上她长期疲劳过度，体力透支，身体虚弱，她的病情发展很快。8 日，她转到了危重病人监护室。

吕玉波院长等领导得知她病倒了，赶来看她。她没有力气大声说话了，又戴着厚厚的口罩，但她仍然劝阻说："你是一院长，全院人看着你。你不要走近，我会传染。你不能病。"她在病痛折磨中，想的还是他人的安危。

她吃不下任何食物，她必须补液，一天要吊10多瓶之多。她知道，从2月上旬起，科里长期加班，最多一天接诊了5个"非典"病人，年轻护士个个陀螺一样转，体力严重超支。自己现在一点忙都帮不上。不，换吊瓶自己熟练，她说："你们忙你们的去，我自己来。"哪能呢，她已动弹不得了，自己非但不能起来换吊瓶，连翻身也不能自理了。

病情还在加重。11日，她肺部插管，上了呼吸机。为了不影响血氧饱和度，还使用药物使之"冬眠"。从此，叶欣再没有醒来。

她的丈夫张慎被允许看望她时，哀求她道："阿欣，我们结婚22年了，我们相濡以沫。每次我出差回到广州，你要求我一下飞机就给你打电话，我总是这样做的。阿欣，我求你，你一定要好起来，你一定要挺住，我唯有这个请求。阿欣你听见了吗？你一定要答应我啊！""冬眠"状态中的叶欣，眼皮似乎动了一下，她听见了，她听见了！

被她抢救过的、50多岁的肠梗阻患者，起初和她住在同一病房里，他们彼此并不知道。后来，在这位患者病愈出院的两天之后，3月25日凌晨1点30分,叶欣停止了呼吸，走完了她平凡而光辉的一生。

听到母亲病故，她上大学的儿子张飙不肯相信:"怎么会这样呢？怎么会这样呢？妈妈应当永远年轻，永远健康。"他在妈妈的遗像前抽泣道："妈妈，我要像你一样做对社会无私奉献的人。"

容丽瑜说:"我的家公是一位退休老干部，他没有见过叶护士长，但他听我多次讲过她。当他从报纸上知道她去世了，十分难过。他一定要我代他在她的遗像前献一束鲜花，鲜花中间一定要有一支向日葵。他说她就是向日葵。向着人民向着党。阿容,你要向她好好学习。"

生活有生活的辩证法，平和的日子往往会把一切造成平凡的形态。可是，一旦洪流冲来了，灾难扑来了，许多人就会中流砥柱般挺立起来，发出轰响，他们的内心世界也向世人展现光辉。叶欣，就是这样。

2003 年 5 月 23 日《南方日报》

→ 永远的白衣战士

——追记广东省中医院护士长叶欣

★★★★★

科室里似乎仍回荡着她那爽朗的笑声，病人似乎仍记得她那永远穿梭忙碌的身影和那春风般的关切与抚慰。然而，在万物复苏的阳春三月，47 岁的叶欣——广东省中医院二沙分院急诊科护士长却永远地走了。她倒在了与非典型肺炎昼夜拼搏的战场上。

担任公司老总的爱人不相信，总是泰然处之、波澜不惊，危险和死亡似乎从来没有真正地走近明亮双眸的妻子，会永远离开了他和还在上大学的儿子。以前连家中水电费多少都不知的他，如今要父子相依为命，从烧菜、洗衣开始照料自己。他强忍悲痛从叶欣工作的科室取来了她心爱的工作服和燕尾帽，让她与人们做最后的诀别。因为，"她喜欢工作服，哪怕再旧再破她也喜欢"。眼含热泪，他对前去采访的记者说："其实，叶欣是知道这次抗击'非典'危险的。她病倒前两周，我们连周末去老人那儿的聚餐都取消了。当病魔袭来时，叶欣是迎着上去的。她没有当逃兵，我们为她骄傲！"

"这里危险，让我来吧！"

今年春节前后，一种病因未明的非典型肺炎开始在广州一些地区流行。2月上旬刚过，广东省中医院二沙急诊科就开始收治确诊或疑为"非典"的病人，最多时一天5人。面对增加了两倍的工作量，叶欣周密筹划，冷静部署，重新调班时，安排了加强班。无形的病魔，看不见摸不着，即便你全副武装，有时也防不胜防。超负荷、紧张的工作，使人们常常无暇顾及没戴紧的口罩；体力的严重透支，使病魔乘虚而入。有的护士病倒了，叶欣心急如焚。每天上班，她第一件事就是亲自打来开水拿来预防药，亲眼看着大家吃下去。她苦口婆心地提醒大家落实各项隔离措施，从医生到护工，一个也不能落下。其检查的严谨和认真几乎到了吹毛求疵的地步。

随着"非典"患者的急剧增多，广东省中医院当机立断，紧急抽调二沙分院急诊科部分护士增援位于市中心的院本部。二沙急诊科护士力量出现了明显的不足。叶欣身先士卒，从 2 月 8 日便开始加班，忙的时候，甚至拒绝接听家人的来电。

这是一场艰难的阻击战。

在对非典型肺炎患者的救治中，叶护士长注意到，很多病情危重的患者往往同时患有其他严重的疾病。原本虚弱的身体明显不敌新疾，多脏器衰竭随时可能发生。此时此刻，挽救生命不仅需要高度的责任心，更要有精湛的技术和医护的通力协作。原有冠心病，且处于心脏搭桥术后的患者梁先生因发热咳嗽前来急诊，短期内病情急剧恶化，呼吸困难，烦躁不安，面色紫绀，出现心力衰竭和呼吸衰竭。叶欣护士长迅速赶来，娴熟地将病床摇高使患者呈半坐卧位，同时给予面罩吸氧，接上床边心电图、血压血氧饱和度监测仪，静脉注射强心药、血管活性药、呼吸兴奋药，监测心率、血压、呼吸……两小时过去了，患者终于脱离了危险，叶护士长顾不上休息，拖着疲惫的身躯又投入到另一个患者的抢救中去。因为还有上了呼吸机的危重病人 7 床冼伯和 9 床高伯的护理工作等着她去检查……就这样，高风险、高强度、高效率的工作一直伴随着叶欣。她像一台永不疲倦的机器全速运转着，把一个又一个患者从死神手中夺了回来。可谁能想到，此刻的叶欣，是强忍着自身病痛的折磨完成着一次次的抢救和护理。

为了保持患者呼吸道通畅，必须将堵塞其间的大量浓血痰排出来，而这又是最具传染性的。一个"非典"重症患者的抢救往往伴随多名医护人员的倒下。面对肆虐的非典型肺炎，危险和死亡那么真切地走向医务人员。"这里危险，让我来吧！"叶欣和二沙急诊科主任张忠德默默地作出一个真情无悔的选择——尽量包揽对急危重"非典"病人的检查、抢救、治疗、护理工作，有时甚至把同事关在门外，声色俱厉，毫无协商的可能。他们深知，也许有一天自己可能倒下，但能够不让或少让自己的同事受感染，他们心甘情愿！

"不要靠近我，会传染！"

2月24日，对于叶欣来说是一个紧张而又寻常的日子。前天晚上值夜班时只觉得周身酸痛，疲倦得很。自从急诊科出现"非典"患者以来，她已经没有节日和周末的概念了。近一段时期以来，她明显地感到精力不济，尤其是颈椎病、腰椎病和膝关节病似乎凑热闹般一齐袭来，可急诊科有太多的事需要她，她放不下。她更不敢将自己的病痛告诉同事和领导，否则她又要被强迫休息了。上午，一位怀疑肠梗阻的急腹症患者前来急诊，需要紧急手术，同时患者的某些症状引起了医务人员的高度注意。随着检查结果的反馈，怀疑终于被证实：是非典型肺炎！紧接着患者的病情急转直下，一切严重的症状都出现了，这是一位"毒"性极大的重症患者！叶护士长与专家组的成员迅速展开了抢救工作：气管插管、上呼吸机。时间一分一秒过去，患者终于从死亡线上被拉了回来。可"非典"病毒就在这个时候闯进了已经在一线连续奋战了好多天的叶欣身体。

3月4日清晨，叶欣仍像往常一样早早来到科室：巡视病房，了解危重病人病情，布置隔离病房……虽然上班前她就感觉到身体疲倦不适，但还是坚持在科室里忙碌着，密切注意着每一个患者的病情。劳累了一上午，水没喝一口，饭没吃一口，只觉得周身疼痛，不得不费力地爬到床上休息。中午刚过，极度疲倦的叶护士长开始出现发热症状，不得不到病房隔离留观。体温在升，补液在滴，但叶护士长记挂的还是科室里的几个危重病人。通过呼叫仪，急诊科的同事们又听到她那微弱但亲切的声音："9床上呼吸机后，血氧饱和度上去没有？下午每隔两小时的吸痰量多不多？""7床每两小时尿量有多少？危重病人可要按时翻身并做好皮肤、口腔护理哦！"

病魔终于没有放过她。经确诊，叶欣染上了非典型肺炎，她不得不住进了她为之工作了27年的省中医院总部。在她刚进呼吸科的那几天，每当医护人员前来检查和治疗，她总是再三叮嘱他们多穿一套隔离衣，多戴几层口罩。她甚至提出自己护理自己："我是老护士长了，什么不行？"院领导前来探望，她首先讲的不是自己的疾患，而是检讨自己的不足，责怪自己不慎染病，给医院和领导添了麻烦。她甚至询问自己科室的覃医生看看还有没有自己可以力所能及干的工作让她在病床上完成。

为了救治叶欣，医院在最短时间内成立了治疗小组，抽调一名主任负责全程治疗方案的实施。吕玉波院长要求医疗小组用最好的治疗方法、手段和药物为叶欣治疗。治疗小组还特别邀请了中山大学医学院、广东省人民医院、广州医学院的专家参与了整个治疗方案的制订，同时积极向全国寻求支援。一次专家会诊时，吕玉波院长听说天津有位医学专家对治疗多脏器衰竭有独到心得，当晚即打电话给这位远在天津的专家，专家被吕院长的急切和真情所感动，第二天上午即乘第一班机赶来广州。然而随着时间的推移，叶护士长的病情始终没有好转。

不知有多少人在挂念着叶护士长，不知有多少人一上班就关切地询问"叶护士长怎么样了，好转了吗？"叶欣的病情几乎牵动了所有人的心。广东省委书记张德江委托蔡东士秘书长慰问她和家属；雷于蓝副省长也在省政府副秘书长黄业斌、省卫生厅厅长黄庆道的陪同下，亲自到医院了解治疗情况。省卫生厅、省中医药管理局、广州中医药大学的领导也为抢救叶欣提供了技术、物质、器械的支持。在叶欣转入ICU病房不久，由于戴上了面罩，她已经不方便讲话了。一天，面对前来治疗的医生，她忽然急切地示意护士递给她纸和笔，颤颤巍巍地写道："不要靠近我，会传染。"护士含泪把纸递给了同事，但大家仍不怕危险，积极抢救。院长吕玉波回忆："叶欣刚入院时，我去看她，为怕我靠近，隔着老远她就说，'我39℃，能顶住！'"现在已痊愈的张忠德主任哽咽着说："当时我和叶欣都被传染了，同住在ICU病房，我们常写纸条，相互鼓励。"

多少人的努力和呼唤，都没能挽留住叶欣匆匆离去的脚步！就在她最后所抢救的、也是传染给她"非典"的那位患者健康出院后不到一个星期，3月25日凌晨1点30分，叶欣永远离开了她所热爱的岗位、战友和亲人！3月29日下午，广州殡仪馆青松厅，省中医院全体员工在这里为她做最后的送别。花圈如海，泪水如雨。遗像中，留给人们的是永恒的微笑。

"叶欣是一本书，每一页都燃烧着生命的激情"

一位熟悉叶欣的医学专家说："叶欣是一本书，每一页都燃烧着生命的激情和热烈的追求。"

叶欣1956年出生于广东徐闻一个医学世家。1974年被招进广东省中医院卫训队。很快，年轻的叶欣从同期护理班学员中脱颖而出，1976年毕业时她的护理能力测试成绩名列前茅。叶欣留院工作了。光阴荏苒，1984年叶欣由于工作成绩突出，被提升为省中医院急诊科护士长，是该院护士长中最年轻的。急诊科是省中医院最大的护理单位，下设120、补液室、抽血室、注射室、留观室、治疗室六个部门。"快速、及时、有效"的工作性质、复杂多变的病情、触目惊心的状况，需要护士长不仅要有超一流的护理专长，更要有临危不惧、指挥若定的领导能力和冷静快捷的思维能力。生死一瞬间，在以痛苦、哀号、无助为氛围的工作环境里，每位医护人员都必须具备强健的身体和良好的心理素质。对于女性而言，这何尝不是对身心的超级挑战。而叶欣在急诊科一干就是 20年。同伴们忘不了，每当急诊科有传染性疾病患者前来急诊时，叶欣总是一马当先，冲锋在前，尽量不让年轻的小护士们沾边。每次她总是说：你们还小，这病危险！对待这类病人，她护理得格外耐心、细致，没有一丝的嫌弃。对于家境贫寒的病人，她甚至主动出钱为病人买这买那。她常常对护士们说："病人得了传染病已经够不幸了，但社会的歧视给他们心理造成的伤害也许比病痛更难受！作为护士，我们一方面要解决他们身体的痛苦，更要给他们爱的力量，生活的力量。"

2001 年，一位来自福建某山区的重症患者到急诊科治疗，病情刚稳定就急着要求回家。叶欣苦心规劝，但病人就是不听，于是科室决定用救护车送病人回家。叶欣又主动申请沿途护理。22 小时的颠簸和护理，病人安全到家了，可她却累得直不起腰来。为了尽快赶回上班，第二天一上午，叶欣自己出钱乘飞机回到了广州。

在叶欣的护理生涯中，她的温情护理不知感动了多少绝望的患者。救死扶伤已经化成了她人性的一部分，护理工作对叶欣而言几乎就是一种本能的奉献！院长吕玉波忘不了，叶欣是知青返城后和他同时进入省中医院卫训队的。在他做院长后，叶欣只在电话里找他约谈两次。一次是二沙分院刚建立，她主动提出到二沙急诊科担任护士长，负责繁重的护理组建工作；另一次是一位刚参加工作的护士为病人服务时引发了病人的不满，叶欣主动到患者家登门道歉，然后打电话给他做自我批评。

伴随着急诊技术的飞速发展和急诊救治设备的快速更新，叶欣从没有放弃对新知识的钻研。她总是在第一时间掌握最新技术，连那些自视甚高的小护士都觉得汗颜。1995 年，叶欣关于《甲黄膜液对褥疮治疗护理的应用研究》，获省中医药管理局科技进步三等奖，实现了该院护理课题在科技创新中零的突破。直到去世前，她前后共有 13 篇论文发表。

在叶欣担任护士长期间，她始终把培养护理人才作为本科室一项重要的工作来抓。她常利用午休给护士们上业务课，让刚进急诊科的姑娘们在她身上练习扎针。院领导戏言：急诊科是医院培养和输送人才的窗口。叶欣是一个性格恬淡的人，她不求闻达，只讲奉献。作为领导，她的宽容、平和、正直，她的忍让、内秀和公正，无不深深折服着她的同事和朋友。科室里的小护士曾诗意地说：叶护士长简直就是阳光和微笑的化身，那么透明，又是那么明媚。加班、顶班，对她可谓司空见惯，尤其是节假日，她会主动给自己排上班。叶欣去世后，她爱人动容地说："我和叶欣结婚 22 年了，只有结婚那年我们一起在家过了春节，其余她全是在医院度过的。"

在叶欣的办公桌上，留下了一本本厚厚的工作记录，那是用废弃的化验单背面写的工作记录。点点滴滴，记载着她在这场没有硝烟的战斗中拼搏的足迹，凝聚着她一生对护士职业永恒的热爱与追求。

2003 年 4 月 16 日《健康报》

→ 永远的白衣天使

——广东省中医院抗"非典"纪事

★★★★★

记者 冒浩文 通讯员 胡延滨

1月7日，广东省中医院急诊科收治了第一例非典型肺炎。从那时到现在，中医院的医务人员在抗击非典型肺炎的战斗中已经度过了100多个日日夜夜，他们用大无畏的精神奏响了一曲动人的乐章！

在病魔面前，医务人员们凭借着高度的使命感和责任心，向患者传递着无尽的爱

患者黄先生康复出院时，双眼满含泪水地说，最使他难忘的就是"医护人员为了患者早日康复，不怕脏，不怕累，冒着被感染的危险超负荷忘我工作的精神"。面对着强传染性的病人，医生坚持天天听心脏、体检、摸脉、看舌苔；护士坚持按服务规范洗头、擦身、护理口腔、喂水喂饭、端大小便……在住院的时刻，疾病的恐惧，家人的远离，让患者感到像是堕入了深渊那样无助和孤独，是医护人员用爱心挽救了他们，支撑了他们。

内三护士张秀琼是非典型肺炎患者的指定主管护士，几乎全部的住院病人都曾经得到过她的精心护理，由于太疲劳，一天上班的时候，她突然昏倒在了医生办公室。没休息几天，她又回到了同志们中间继续工作，她说："那些患者需要我。"

李六仪是内六区的一名护工，也是家里唯一的经济支柱。面对非典型肺炎，很多同伴病倒了，她的内心也相当矛盾。可是当她看到那些病人躺在床上，生活无法自理，当她看到医护人员马不停蹄地干活，当她看到有人晕倒在岗位上，她找到护士长说："排我的班吧，如果需要我可以连续工作12个小时！"

"把生的机会留给别人，把危险留给自己"，叶欣的崇高精神激励着每一个医护人员

在与非典型肺炎的战斗中，二沙急诊科的叶欣护士长永远地离大家而去了，3月29日下午，殡仪馆的青松厅，广东省中医院的全体员工在这里为她做了最后的送别。叶欣的丈夫特意要求医院为叶欣护士长换上护士服，他说，叶欣很爱自己的工作，她是倒在工作岗位上的，她应该穿着护士服！这样叶欣才能在九泉下微笑！

花圈如海，泪水如雨。叶欣护士长那种"把生的机会留给别人，把危险留给自己"的崇高精神激励着每一个医护人员。

ICU的医护人员在为患者抢救的过程中，随时都冒着被插管时喷射而出的血痰感染的危险，几次在抢救中，都出现了血痰喷射了医生一脸一身的情况。有很多医护人员就是这样被感染而倒下了，但是，没有人退缩。

张忠德主任是二沙分院急诊科的主任，每一个可疑的患者，只要他在，他都独立亲自去检查接触。他终于病倒了，住进了 ICU。刘涛，大院急诊科的主任，一例高度疑似的非典型肺炎患者，他不让其他同事接触，自己陪着患者去体检，查胸片。事后便因受感染倒下了。

一位在 ICU 观察的病情严重的患者，精神烦躁，不肯接受治疗，有时甚至拔掉静脉管和氧气管。ICU 的护士长曾影红一次又一次走近他身边，和他耐心交谈，一谈就是一个多钟头。加上长时间的工作，她也被感染了。

ICU、急诊、呼吸科人手越来越紧张，立即有很多医务人员主动报名要求到这些科室去工作。逐渐恢复的医务人员对来看望的院领导说，康复后，让我们去 ICU 吧，我们有抗体了，不会被感染的。第一个接触"非典"病人感染病倒的急诊医生钟世杰重新回到了急诊的岗位！博士李松康复后回到了 ICU！呼吸科颜方医生在支援 ICU 时染病，康复后又回到了呼吸科！医院的领导看着这些热切的眼睛，这些不畏危险的同志，感动地流下了泪！

医务人员没日没夜地忙碌换来了病人全家团聚，而他们自己却常常有家难回

年初二，患者需要抢救，ICU 副主任医师韩云去探亲刚刚走到亲戚家门口，接到了医院的电话，他二话没说，门都没进转身就返回了医院。呼吸科林琳主任把孩子托付给自己的母亲，一头扎在工作里，包括春节在内，没有一天在晚上 10 点前回过家。即使深夜，一有情况，电话一响也会马上赶回医院。

刚刚做母亲的陆悦霞、欧阳红莲，放下嗷嗷待哺的婴儿；刚结婚，连婚假都没有休完的护士长邝婉仪、护士武亚丽、吴巧媚、何静玲一接到增援的命令，立即告别新婚的丈夫，马上投身工作，从无怨言。还有林毓霞、付彩霞、徐月明、黄宝琴、张丽容等都还是孩子不满 3 岁的年轻妈妈。

骨一区支援到 ICU 的护士胡彩华，孩子只有 2 岁，一接到调令，她马上搬出家门，把自己隔离在单独租住的小屋，实在想孩子了，她就叫妈妈领着孩子到她的窗下花园玩儿，她远远地隔着窗户望一眼……

很多医务人员长期住进了值班室，或者单独租屋在外边住，想家？可是谁知道什么时候自己会感染上疾病呢？还是分开更加安全！他们就是这样义无反顾地投入战斗。

广东省中医院收治入院的 110 多例非典型肺炎患者，经过中西医结合治疗，大部分进入了康复期。由于高度重视，发现治疗及时，大部分退烧时间很短，平均住院时间不超过 20 天。

2003 年 4 月 30 日《人民日报》

叶欣是如何获得最高奖的

★★★★★

据新华社北京5月14日电（记者朱玉） 5月12日国际护士节当天，红十字国际委员会传来消息，已在抗击"非典"斗争中殉职的广东省中医院二沙分院急诊科护士长叶欣与其他几名中国护士获得第39届弗洛伦斯·南丁格尔奖章。

每次评选全球不超过50名

已故的叶欣护士长是如何获得南丁格尔奖章的？

南丁格尔奖每两年评选一次，是国际上授予护士的最高荣誉，每次评选在全世界范围内最多不能超过50名。我国1983年第一次参加评选，到今年已参加了11届。据中国红十字会介绍，从去年下半年起我国红十字会就与中华护理学会等单位开始着手进行南丁格尔奖的推荐工作，今年2月，我国参选的 11 个候选人名单已提交红十字国际委员会,当时,我国抗击"非典"的形势已日趋严峻。

申请已超过推荐最后期限

根据弗罗伦斯·南丁格尔奖章规则,申请连同支持申请的理由,必须在颁奖当年 3 月 1 日前寄到红十字国际委员会。在该日期后寄给红十字国际委员会的申请,均不予考虑。叶欣护士长为了抢救传染性非典型肺炎患者于 3 月 25 日以身殉职,其时,已超过南丁格尔奖评选推荐的最后期限。

5 月 2 日,中国红十字会紧急联系红十字国际委员会,推荐叶欣为南丁格尔奖章候选人。当时,红十字国际委员会官员表示,叶欣的事迹虽然感人,但推荐的时间已经太晚,红十字国际委员会对这一届的南丁格尔奖章得主已有初步评选意见。中国红十字会详细说明了补报的原因,并表示,如叶欣得奖,将是对中国抗击"非典"的一线医护人员极大的鼓励。

这一理由得到了红十字国际委员会的大力支持。推荐叶欣的材料被破例接受。

红十字国际委员会南丁格尔奖评选委员会经过极为认真严肃的评选,在以往公布南丁格尔奖章得主的日子——5·12 国际护士节,告知中国红十字会已有包括叶欣在内的数名中国护士获得南丁格尔奖章。

9 名中国护士获奖破纪录

其间还出现了一个小插曲。红十字国际委员会官员因口误,告诉中国红十字会共有 10 名中国护士获奖,实际为 9 名。但这个获奖数字

△ 叶欣护士长荣获"第39届弗洛伦斯·南丁格尔奖章"

已打破往年中国的最高纪录，我国往年中最多的一届有 5 人一起获奖，至今我国共有 37 人获得了这个国际护理界的最高奖。

1991 年，红十字国际委员会布达佩斯代表大会通过的弗洛伦斯·南丁格尔奖章规则第二条规定，奖章可颁发给男女护士和男女志愿护理工作人员在平时或战时做出如下突出成绩者：

"具有非凡的勇气和献身精神，致力于救护伤病员、残疾人或战争灾害的受害者；如有望获得奖章的人在实际工作中牺牲，可以追授奖章。"

叶欣烈士被追授奖章

已经英勇牺牲的叶欣烈士正是由于这条规则，得以被红十字国际委员会追授奖章。

南丁格尔奖章是镀银的。正面有弗罗伦斯·南丁格尔肖像及"纪念弗罗伦斯·南丁格尔，1820 至 1910 年"的字样。反面周圈刻有"永志人道慈悲之真谛"，中间刻有奖章持有者的姓名和颁奖日期，由红白相间的绶带将奖章与中央饰有红十字的荣誉牌连接在一起。一道颁发的还有一张羊皮纸印制的证书。

2003 年 5 月 15 日《广州日报》

拼将生命书写大医精诚

★★★★★

文/本报记者廖怀凌　郑珮华　通讯员胡延滨

在抗击非典型肺炎的战场上，广大医务工作者高扬白求恩精神的旗帜，无私无畏，冲锋在前，用生命谱写了救死扶伤的壮丽篇章。

在玉兰花开的时节，广东省中医院护士长叶欣永远离开了人世，她牺牲在抗击非典型肺炎的战场上。生前，她留下了一句令人刻骨铭心的话：这里危险，让我来。

把风险留给自己，把安全留给病人，这是无数医务工作者的崇高精神境界。正是有了一大批白衣战士的顽强奋战，非典型肺炎蔓延的势头才得以遏制。人民群众才得以安享宁静的生活。

"凡大医治病，必当无欲无求，誓愿普救含灵之苦。不得瞻前顾后，自虑吉凶，护惜身命。昼夜、寒暑、饥渴、疲劳，一心赴救。"

唐代名医孙思邈将这篇《大医精诚》冠于中医巨著《备急千金要方》之首，提倡为医者必须发扬救死扶伤的人道主义精神，"精"于专业，"诚"于品德，这样才是德才兼备的"大医"。

这篇《大医精诚》，正是广东省中医院二沙分院急诊科护士长叶欣在1974年，考上该院的"卫训队"正式从医所上的第一课。

在广东省中医院当了23年的急诊科护士长，无论是现场急救跳楼的垂危民工，还是带头护理艾滋病吸毒者，还是冒死抢救非典型肺炎病人，叶欣从来没有"瞻前顾后，自虑吉凶"。她用自己的生命书写了中国大医之"精诚"。2003年3月25日凌晨，因抢救非典型肺炎病人而不幸染病的叶欣光荣殉职，终年47岁。

连日来，记者探访了叶欣的家人、朋友、同事、病友以及主诊医生（负责她临终前的抢救工作），追寻这位白衣天使不灭的精神。

每天给大家派药送汤

> 一定要亲自监督大家用开水服下预防药物，连清洁工也不例外

2月份起，省中医院二沙分院陆续接诊非典型肺炎病例。由于此前在大德路总院已经有一线医护人员被传染病倒，叶欣护士长尤其小心。

每天早上，她提前半小时来科室，给大家准备预防药物，派发到每位医生、护士、护工手里，连清洁工也不例外。有些预防药物有较强的副作用，叶欣一定要亲自监督大家用开水服下。

进病房前，叶欣反复强调各项预防措施：换工作服、鞋子、袜子；戴好口罩、帽子、眼罩；进隔离病房前要更换隔离衣；出隔离病房要洗手、漱口。

在迎战非典型肺炎的日子里，她每天睡觉的时间只有短暂的几个小时，但仍不忘记临睡前煲一锅老火靓汤，有时是花旗参，有时是冬虫草，她要在第二天带回医院给同事们喝，提高抵抗力。

总是把危险留给自己

> 面对危重传染病人，她身先士卒，有时甚至关起门来抢救，不让太多人介入

没有人能确定，叶护士长是在哪一天、哪一次感染到非典型肺炎的。每次有疑似或者确诊病人送到科里，

她和急诊科主任就身先士卒，承担起繁重的医护工作，有时甚至关起门来抢救，不让太多同事介入。

"我已经给这个病人探过体温、听过肺、吸了痰，你们就别进去了，尽量减少感染机会。"在迎战"非典"的日子里，这番话令很多年轻护士落泪。

"叶护士长可能是2月24日那天被感染的。"护士小容回忆起那晚，一位40岁的急腹症肠梗阻患者，在外科紧急手术后，发现还合并高烧、肺部阴影等非典型肺炎症状，于是送急诊留院观察，很快就出现呼吸衰竭。叶护士长冲在第一线，配合医生进行气管插管、上呼吸机。当时患者的分泌物很多，可能在抢救时喷到护士长身上了……

"可能是小陈病倒以后，叶护士长大搞清洁时感染的。"护士小余清楚地记得，2月底，科里发生第一例护士感染后，叶护士长一直冥思苦想，不知到底哪个环节做得不够，才给病毒有机可乘。她亲自给每台电话消毒、每个门把手清洁，连工作服放在哪里、在哪里换工作鞋、鞋垫的位置，都一一巡视并消毒。小余认为，叶护士长在消毒时接触过这么多可疑的带毒物，没准就是那时给感染的。

"可能是3月1日早上，我们有四个医护人员都在抢救那位病人后病倒的。"同样病倒的急诊科主任张忠德对那次抢救的情形很难忘怀：三天后的3月4日中午12时、下午6时、晚上10时，急诊科叶护士长、张主任和江医生分别发烧接受隔离，同一天麻醉师也发病了。

3月1日早上8时10分，急诊科正在交班。一位87岁非典型肺炎疑似病人的家属冲进医生办公室：病人不行了！叶护士长等火速奔到病人床前：只见病人面唇发紫、呼吸微弱，规律的心电图形变成了紊乱的波浪……大家当即把病房里其他三位病人和家属全部疏散出去，然后紧急进行胸外按摩、人工呼吸、心脏电击、建立静脉通道，反复推注急救、强心药物，插管上呼吸机……

早上 9 时 15 分，病人抢救无效死亡。这是一例高度危险的病人，谁都知道应当换上隔离衣再抢救，但是在一个多小时的抢救中，谁都不肯离开病人哪怕是几分钟去做好自我保护。

躺在病床上还惦念工作

医生护士靠近她时，她艰难地在纸上写"不要靠近我，会传染"

隔离治疗早期，叶欣还能打电话。她每天打电话回科里，叫大家记得吃预防药，叫和她接触过的同事注意体检，叫护士给 7 床的病人记录尿量、给 9 床的病人翻身、拍背……

发病第四天，她出现了呼吸困难，和急诊科主任一起被送进了重症监护室。大家都戴上了氧气罩，只能靠发短信息和写纸条互相勉励，大家戏称急诊科的护士长和主任在 ICU 还"鸿雁传情"呢……

为了减少同事接触她被传染的机会，她给自己接补液。医生、护士靠近她听肺、吸痰时，她艰难地在纸上写道："不要靠近我，会传染。"院长和其他同事来探望时，她写着："我很辛苦，但我顶得住。谢谢关心，但以后不要来看我，我不想传染给大家。"

3月11日，急诊科张主任收到叶护士长写的最后一张字条："我实在顶不住，要上呼吸机了。"同样呼吸困难的张主任颤抖着写字回复她："护士长，你一定要坚持住！全院的医生护士都在支持我们！"

张主任再也没有等到叶护士长的回信。她在插管上呼吸机后，就被注射了镇静药物进入"冬眠"状态，避免因为躁动使呼吸机脱落。3月24日凌晨辞世时，叶欣很平静。

同一天，ICU有一位病人康复出院。他就是2月24日晚叶欣冒死抢救的那例肠梗阻合并非典型肺炎的病人。为了不给他将来的生活留下阴影，出院时谁都没有告诉他：抢救他的护士长，现在已经长眠在她奉献了半生的医院里。

集中专家尽全力抢救

一位70多岁的老名医二话不说，第二天就从天津飞到广州

叶欣染病后，中共中央政治局委员、广东省委书记张德江委托省委秘书长蔡东士慰问她和家属，了解病情；雷于蓝副省长在省政府副秘书长黄业斌、省卫生厅厅长黄庆道的陪同下，到医院过问治疗情况。省卫生厅、中医药管理局、广州中医药大学为抢救她提供技术、物质、器械的支持。

医院成立了治疗小组，邀请国内最好的专家参与会诊和急救。治疗小组组长是叶欣的前任急诊科主任刘旭生，他为了及时抢救，索性搬到医院住。他拿着叶欣的病例和资料，亲自登门到中山一院、中山二院、中山三院、省人民医院、南方医院，向传染科、血液科、肾科

等专家请教。广州市呼研所副所长多次到病房会诊。患病后期，叶欣出现弥漫性血管内凝血、全身出血和心、肝、肾多器官功能衰竭，医院邀请天津中西医结合医院专事研究多脏器衰竭的专家，这位70多岁的老名医二话不说，第二天就飞到广州，走进叶欣的病房……

工作23年有"三突出"

她爱岗敬业，多年来腰椎突出、颈椎突出、成绩突出

1976年参加工作后，由于业务拔尖，品行端正，叶欣在1984年出任全院最年轻的护士长。在每一分钟都与死神赛跑的急诊科，一干就是23年。23年来，她有"三突出"：腰椎突出、颈椎突出、成绩突出。

她多次被评为"优秀共产党员"、"先进工作者"、"优秀护士"、"优秀护士长"。她曾获广东省中医药科技进步三等奖，多次在全国、全省的学术交流大会上宣读论文。

丈夫和儿子说，她敬业、尽责，面对非典型肺炎时不退缩，和千千万万的医护人员一样，可敬，可爱。

同事和同行说，她已经不是第一次把危险留给自己，把健康让给同事。我们心痛、心服。她的精神将鼓舞我们战胜一切病魔。

2003年4月19日《羊城晚报》

叶欣：生命书写大医精诚

★★★★★

文／记者 廖怀凌

在《羊城晚报》50 年的人物报道史上，有一名历史不会忘记的白衣天使——叶欣。这位为病人服务了 27 年的急诊科护士长，2003 年 3 月 25 日凌晨，因抢救非典型肺炎病人不幸染病殉职，终年 47 岁。《拼将生命书写大医精诚》——当年《羊城晚报》关于叶欣护士长的报道感动了大江南北。

【报道回放】别来看我，我不想传染给大家

"凡大医治病，必当无欲无求，誓愿普救含灵之苦。不得瞻前顾后，自虑吉凶，护惜身命。昼夜、寒暑、饥渴、疲劳，一心赴救。"

唐代名医孙思邈将这篇《大医精诚》冠于中医巨著《备急千金要方》之首，提倡为医者必须发扬救死扶伤的人道主义精神。

这篇《大医精诚》，正是广东省中医院二沙急诊科护士长叶欣在 1974 年，考上该院的"卫训队"正

式从医所上的第一课。在广东省中医院当了23年的急诊科护士长，无论是现场急救跳楼的垂危民工，还是带头护理艾滋病吸毒者，还是冒死抢救非典型肺炎病人，叶欣从来没有"瞻前顾后，自虑吉凶"。她用自己的生命书写了中国大医之"精诚"。

"叶护士长可能是2月24日那天被感染的。"护士小容回忆起那晚，一位40岁的急腹症肠梗阻患者，在外科紧急手术后，发现还合并高烧、肺部阴影等非典型肺炎症状，于是送急诊留院观察，很快就出现呼吸衰竭。叶护士长冲在第一线，配合医生进行气管插管、上呼吸机。当时患者的分泌物很多，可能在抢救时喷在护士长身上了……

隔离治疗早期，叶欣还能打电话。她每天打电话回科里，叫大家记得吃预防药，叫和她接触过的同事注意体检，叫护士给7床的病人记录尿量、给9床的病人翻身、拍背……

为了减少同事接触她被传染的机会，她给自己接补液。医生、护士靠近她听肺、吸痰时，她艰难地在纸上写："不要靠近我，会传染。"院长和其他同事来探望时，她写道："我很辛苦，但我顶得住。谢谢关心，但以后不要来看我，我不想传染给大家。"

3月11日，同样被感染的急诊科张主任收到叶护士长写的最后一张字条："我实在顶不住，要上呼吸机了。"同样呼吸困难的张主任颤抖着写字回复她："护士长，你一定要坚持住! 全院的医生护士都在支持我们! "

张主任再也没有等到叶护士长的回信。3月25日凌晨，叶欣辞世。

△ 每年的3月25日，广东省中医院都会组织医务人员拜祭叶欣

【战友怀念】非典改变了叶欣同事们的人生

为了这段不能忘记的记忆，记者重访当年与叶欣并肩"抗非"的战友们——广东省中医院二沙分院急诊科的医护人员。四年过去了，他们在叶欣护士长大理石雕像的守护下，默默工作在急诊一线。"我永远不会忘记那个日子——2003年2月28日，那天下午我在大德路总院出专家门诊时，接到叶护士长的电话。"急诊科主任张忠德回忆起，叶欣在电话里向他汇报："我可能发烧了。"当时省中医院已有多名医护人员感染"非典"病倒，张忠德心里猛地一抽——可能中招了。他当即停诊赶回二沙分院。"下午4点多，我见到叶护士长时，她已烧到

38℃。"张忠德为叶欣做了检查并开出医嘱，随后他给桂林的姐姐打了一个电话："我要去哈尔滨出差一个月，那里与俄罗斯交界，手机没有信号，最近就不联系了，告诉父母不要担心。"多次与叶欣搭档抢救非典疑似病例的张忠德，当时隐约感觉到了某种先兆。

果然，两个小时后，张忠德感觉到自己全身发烫。当时正走到急诊科窗外的张忠德，隔着玻璃窗对护士说："不要靠近我，给我递一支体温计，然后准备一间病房，我要住进去。"

就在那天傍晚到夜里，急诊科的谭东英护士、江俊珊护士也陆续发烧，她们都因公感染了当时社会上闻之色变的非典型肺炎。

经历过生死磨砺的二沙分院急诊科，医护人员的心灵受到了强烈的震撼。"我们给自己定下了座右铭：'踏实做事，低调做人。'经历了2003年的'非典'，大家开始明白很多道理，对所谓的名和利，已经不太计较了。我们知道，在面对生死抉择时，自己真正需要的是什么、真正在乎的是什么。什么东西应该追求，什么东西不必强求……"

新护士长陈惠超告诉记者，科里形成了踏实工作、淡泊名利的风气，每年评先进，大家都往外让。在叶欣生前工作过的这个急诊科，充满了干劲和活力。每年除夕、初八、护士节、清明节、中秋节、元旦，还有叶欣护士长的生日、忌日，大家都要到叶护士长的塑像前献花。新护士来到急诊科，要在叶护士长的塑像前汇报工作；老护士结婚、生孩子，都不忘记告诉叶护士长。

2003年5月12日，国际护士节那天，在叶欣塑像揭幕仪式上，廖冰兄老人在家人的搀扶下，步履蹒跚地赶到仪式现场，廖冰兄为叶欣塑像题写了"大医精诚"四个字。此后，广州市邮票公司为叶欣发行纪念封、明信片和邮票。当时，躺在二沙岛中医院病房的廖冰兄，在餐桌上挥毫写下了"让天使长留人间"。"叶护士长为了抢救病人，连自己的生命都献上了，希望社会大众对那一年的历史，对已经牺牲的医护人员不要忘记得太快，不要忘记得太彻底。"张忠德说。

2007 年 10 月 6 日《金羊网》

→ 阳光和微笑的化身

——广东省中医院护士长叶欣烈士生前
同事李丽娜追忆叶欣

★★★★★

在今年春天这场人类与"非典"疫魔进行的殊死搏斗中，广大的白衣天使怀着对祖国和人民真挚的爱，用生命杀出了一条血路，用灵魂书写了"大医精诚"。广东省中医院护士长叶欣同志便是其中的一个。她在抢救"非典"患者的斗争中，于 3 月 25 日凌晨，不幸牺牲，年仅 47 岁。

云山含悲，珠水寄情。追忆她生命中走过的日子，回忆她在平凡的事业中所体现出的对生命的关爱，让我们活着的人们无不为之感动。

叶欣是一个敬业爱岗的人。自 1976 年她从卫训队毕业后，就一直在广东省中医院工作，从护士、主管护士到护士长，脚踏实地，一步一个脚印。尤其是当了急诊科的护士长以后，工作更加繁忙，经常没日没夜地加班，很少有正常的节假日。每年的新春佳节，她总是主动顶班，让别的护士回家团聚，成家 22 年了，只有结婚那年的春节是在家里度过的，但她从来没有抱怨过。丈夫见她如此劳累，1986 年便自作主张帮她联系了一个条件比较好的单位，对方也非常欢迎她去，但是她断然拒绝了，她说她出生于医生世家，从小就喜欢医护工作，愿意当一辈子护士。正因为她热爱这个职业，因此，她总是爱院如家，以主人翁的态度对待每一项工作。在抗击"非典"的日子里，更是全身心地投入。自从急诊科接受"非典"患者以来，她所处的科室的工作强度不断增大，身为护士长的她始终战斗在第一线，进行周密筹划，冷静部署，使整个护理工作有条不紊地进行。忙的时候，她甚至连家人打来的电话都不接听，请护士转告她的家人不要为她担心。随着"非典"患者的急剧增多，她休息和睡眠的时间越来越少，整天超负荷地工作，渐渐地，她感到体力明显不行了，而且颈椎、腰椎和膝关节等旧病不时向她袭来，使她在一次次对患者的抢救中都要忍受着巨大的痛苦，但她仍然咬紧牙关，从不言退。

叶欣是一个不畏艰险的人。人的生命只有一次，在生死面前，或许每个人都会进行艰难的抉择。在关键时刻，她总是把安全留给别人，把危险留给自己。她知道与疫魔交手很可能会中招，她也知道这次的战斗是怎样的凶险，一旦染病，对已经 47 岁的她来讲，将意味着什么。于是，一天下午，与家人团聚后，她郑重地对儿子说："孩子，从明天起，妈妈就不回家啦，等疫情过后再回来。你要好好照顾爷爷奶奶。"千叮万嘱后，她以一种难以言状的心情，重返战场，继续与疫魔进行搏斗。面对重危病人，她总是身先士卒，哪里有危险，就出现在哪里。一天，一位高危的"非典"患者，病情急剧恶化，呼吸困难，出现心力衰竭和呼吸衰竭，必须尽快将堵塞在喉管的大量浓血痰排出来，这是医务人员最容易被感染的时候。她见其他护士争着干这危险活时，一把夺过来说："这里危险，让我来！"尤其是为了不让年轻的护士们感染，一遇到这种情况，她就大声说："你们还小，赶快离开。"在救护"非典"患者的日子里，她经常挂在嘴边的一句话便是："我已经给这个病人探过体温、听过肺、吸了痰，你们就别进去了。"为尽量减少感染机会，不让太多的同事介入，有时她干脆把门关起来和医生们一起进行抢救。还有一天，一位被怀疑为肠梗阻的患者前来急诊，需要进行紧急手术。患者的某些症状立即引起了医务人员的高度注意。很快，检查结果证实，又是非典型肺炎！而且，患者的病情急转直下，表明这是一例"毒"性极大的重症患者！她配合专家组成员马上展开了抢救工作，随着时间一分一秒地过去，处在死亡线上的患者终于被拉了回来。对于这类高危病人，谁都知道应当换上隔离衣以后再去参加抢救，但是为了争取时间，她顾不得那么多了，就这样 SARS 病毒便无情地侵入了她那已经连续奋战了多天的疲弱的躯体。

叶欣是一位善良而又坚强的人。她除了完成繁重的医护工作之外，在家还要照顾自己的父母、公公婆婆和丈夫年近百岁的祖母。97 岁的祖母长期卧病在床，神智不清，大小便失禁，她经常为老人擦身洗脚换尿布。有一次，老人长了褥疮，经她精心护理终于痊愈。她对自己的亲人如此，对别人更是如此。在工作中，当她遇到经济困难的患者，就会主动出钱为他们买这买那，把关爱送到病人的心坎上。凡事她都能设身处地替别人着想。她认为病人得了病已经不幸了，作为医务人员不要因为患者经济上的困难而歧视他们。她常说做任何事情都要对得起天地良心，既要对得起自己，更要对得起别人。在那段艰难的日子里，虽然工作繁忙，但是再忙她都坚持每天提前半小时回科室，给大家准备预防药物，每次都要亲眼看见大家把药物服下才放心，并苦口婆心地提醒大家一定要做好各项预防措施。为了增强同事们的抵抗力，有一段时间，她坚持每天在临睡前煲汤，然后第二天带回医院给他们喝。

直到今天，科室里似乎仍然回荡着叶欣护士长那爽朗的笑声，很多病人都难以忘怀她那穿梭忙碌的身影和那春风般温柔的抚慰。她病倒住院后，每当医护人员前来给她检查和治疗时，她总是再三叮嘱他们要多穿一套隔离衣，多戴几层口罩。为了同事们的安全，她竟然向医院提出要求，让她自己来护理自己。同时她还要求，让她在病床上为科室做些力所能及的工作。有一次她觉得实在太热，想把头发系好，便打电话叫护士小邓帮她买橡皮筋，小邓听到叶护士长柔弱的声音，她知道护士长是在忍受着高烧的煎熬，便马上去买回了五颜六色的皮筋，可是，这时，叶护士长已经不能自己扎皮筋了，小邓泪流满面地说："护士长，让我帮你扎吧，你扎上这皮筋一定会很漂亮。"叶欣开始还抿抿嘴强装笑容，但后来又摇摇头，示意小邓不用了。随着病情的不断恶化，一天，医生和护士前来为她治疗，她忽然急切地示意护士递给她纸和笔，然后颤抖着手写道："不要靠近我，会传染。"此情此景令在场的医务人员无不为之动容。而且在病中她仍然牵挂着那些饱受病痛折磨的危重病人。她用微弱的声音嘱咐护士：给7号床的病人记录尿量，给9号床的病人翻身、拍背……按时给病人做好皮肤、口腔护理。院领导前来探望她，她不提自己的病，却检讨自己的不足，责怪自己不慎染病，给医院和领导添了麻烦。并劝慰领导不要来看她，她不想传染给大家。在生命垂危之际，她还一心想着那些染病的战友，彼此鼓励着一定要坚强地活下去。于是，起初的那些日子，她给大家打电话，到后来由于呼吸困难，不能说话了，她就给大家发短信，可是，没多久连按手机键的力气都没有了，她就极其费力地写纸条。直到有一天，她感到实在不行了，便写了她人生中最后一张纸条："我实在顶不住了，要上呼吸机。"可是回天无力，疫魔最终还是夺走了她年轻的生命。叶欣殉职后，她丈夫悲痛欲绝。但当组织问他有什么要求时，他只说了一个心愿，就是想让叶护士长穿上崭新的护士服上路。

　　叶欣的生命是短暂的，但却是辉煌的。在她27年的护士生涯中，多次被评为"先进工作者"、"优秀护士"、"优秀护士长"，获得过国际南丁格尔奖章、全国优秀共产党员、全国"五一"劳动奖章、人民健康好卫士、全国白求恩奖章、广东省模范共产党员、"三八"红旗手、广东"好母亲"、革命烈士等一系列崇高荣誉。她用自己的短暂人生对"大医精诚"做了一个圆满的诠释。

2003年7月29日新华网北京

白衣战士叶欣长眠在抗击"非典"的战场上

☆☆☆☆☆

科室里似乎仍回荡着她那爽朗的笑声，病人似乎仍记得她那永远穿梭忙碌的身影和那春风般关切的抚慰。然而，在万物复苏的阳春三月，47岁的叶欣，广东省中医院二沙分院急诊科护士长却永远地走了。

病魔袭来迎着上

叶欣知道这次抗击"非典"是危险的。她病倒前两周，我们连周末去老人那儿的聚餐都取消了。

叶欣的爱人总是神闲气定，波澜不惊。他相信，危险和死亡从来不会真正地走近他双眸明亮的妻子；他相信，妻子不会离开他和还在上大学的儿子。然而，叶欣倒在了与非典型肺炎昼夜拼搏的战场上。以前连家中水电费多少都不知的他，如今要父子相依为命，从烧菜、洗衣开始照料自己和儿子。他强忍悲痛从叶欣工作的科室取来了她心爱的工作服和燕尾帽，让她与人们做最后的诀别。因为，"她喜欢工作服，哪怕再旧再破她也喜欢"。眼含热泪，他对前去采访的记者说："其实，叶欣是知道这次抗击'非典'危险的。她病倒前两周，我们连周末去老人那儿的聚餐都取消了。当病魔袭来时，叶欣是迎着上去的。她没有当逃兵，我们为她骄傲。"

身先士卒连续加班

忙的时候，叶欣甚至拒绝接听家人的来电询问。只是对接听电话的姑娘说："告诉他，我在班上。没事。"

今年2月，广东省中医院二沙急诊科开始发现"非典"和疑似"非典"的患者，最高时一天5例。面对增加了两倍的工作量，叶欣护士长周密筹划，并安排了加强班。为了防止病魔感染自己的同事，每天上班，她第一件事就是亲自打来开水拿来预防药，亲眼看着大家吃下去。她苦口婆心地提醒大家做好各项隔离措施，从医生到护工一个不落，其检查的严谨和认真几乎到了吹毛求疵的地步。

随着"非典"患者的急剧增多，科室的工作强度不断增加，叶欣身先士卒，从2月8日便开始加班，忙的时候，甚至拒绝接听家人的来电询问。只是对接听电话的姑娘说："告诉他，我在班上。没事。"

"我已经给这个病人探过体温、听过肺、吸了痰，你们就别进去了，尽量减少感染机会。"在迎战"非典"的日子里，叶欣这番话令很多年轻护士落泪。

原有冠心病、曾经做过心脏搭桥术的患者梁先生因发热咳嗽前来急诊，短期内病情急剧恶化，呼吸困难，烦躁不安，面色紫绀，出现心力衰竭和呼吸衰竭。叶欣护士长迅速赶来，娴熟地将病床摇高使患者处于半坐卧位，面罩吸氧，接上床边心电图、血压血氧饱和度监测仪，静脉注射强心药、血管活性药、呼吸兴奋药，监测心率、血压、呼吸……两小时过去了，患者终于脱离了危险，叶护士长顾不上休息，拖着疲惫的身躯又投入到另一个患者的抢救中去了。因为还有上了呼吸机的危重病人7床冼伯，9床高伯的护理工作等着她去检查……就这样，高风险、高强度、高效率的工作一直伴随着叶欣。

"这里危险，让我来吧！"叶欣和二沙急诊科主任张忠德默默地做出一个真情无悔的选择，叶欣尽量包揽了对急危重非典病人的检查、抢救、治疗、护理工作，有时甚至把同事关在门外，声色俱厉，毫无协商的可能。然而不幸很快发生了。

2月24日，对于叶欣来说是一个紧张而又寻常的日子。前天晚上值夜班时只觉得周身酸痛，疲倦得很。自从急诊科出现"非典"患者以来，她已经没有节日和周末的概念了。近一段时期以来，她明显地感到精力不济，尤其是颈椎病、腰椎病和膝关节病似乎凑热闹般一齐袭来，可急诊科有太多的事需要她，她放不下。

上午，一位怀疑肠梗阻的急腹症患者前来急诊，同时患者的某些症状引起了医务人员的高度注意。怀疑终于被证实：又是非典型肺炎！患者的病情急转直下，一切严重的症状都呈现了，这是一例"毒"性极大的重症患者! 叶护士长与专家组的成员迅速展开了抢救工作，患者终于被从死亡线上拉了回来。可"非典"就在这个时候闯进了已经在一线连续奋战了好多天的叶欣身体。

"不要靠近我，会传染"

面对前来治疗的医生，她忽然急切地示意护士递给她纸和笔，颤颤巍巍地写道："不要靠近我，会传染。"护士含泪把纸递给了这些同事。

3月4日清晨，叶欣仍像往常一样早早来到科室，劳累了一上午，水没喝一口，饭没吃一口，只觉得周身痛，不得不费力地爬到床上休息。中午刚过，极度疲倦的叶护士长开始出现发热症状，不得不到病房隔离观察。体温在升，补液在滴，但叶护士长记挂的还是科室里的几个危重病人。通过呼叫仪，急诊科的同事们又听到她那微弱但亲切的声音："7床每两小时尿量有多少? 危重病人可要按时翻身并做好皮肤、口腔护理哦! "

病魔终于没有放过她。经确诊，叶欣染上了非典型性肺炎，她不得不住进了她工作了27年的省中医院总部。最初几天，每当医护人员前来检查和治疗，她总是再三叮嘱他们多穿一套隔离衣，多戴几层口罩。她甚至提出自己护理自己："我是老护士长了，什么不行?"院领导前来探望，她首先讲的不是自己的疾患，而是检讨自己的不足，责怪自己不慎染病，给医院和领导添了麻烦。发病第四天，她出现了呼吸困难，和急诊科主任一起被送进了重症监护室。据叶欣的同事回忆，大家都戴上了氧气罩，只能靠发短信息和写纸条互相勉励。一天，面对前来治疗的医生，她忽然急切地示意护士递给她纸和笔，艰难地写道：“不要靠近我，会传染。”护士含泪把纸递给了这些同事。院长和其他同事来探望时，她写道：“我很辛苦，但我顶得住。谢谢关心，但以后不要来看我，我不想传染给大家。”

3月11日，同患“非典”的急诊科张主任收到叶护士长写的最后一张字条："我实在顶不住，要上呼吸机了。"她在插管上呼吸机后，就被注射了镇静药物进入“冬眠”状态，避免因为躁动使呼吸机脱落。

专家全力抢救未果

　　广东省委书记张德江委托蔡东士秘书长慰问叶欣和家属；雷于蓝副省长也在省政府副秘书长黄业斌、省卫生厅厅长黄庆道的陪同下，亲自到医院了解治疗情况。

为了救治叶欣，医院在最短的时间内成立了治疗小组，同时向全国寻求支援。一次专家会诊时，吕玉波院长听说天津有位专家对治疗多脏器衰竭有独到心得，当晚即打电话给这位远在天津的专家，专家被吕院长的急切和真情所感动，第二天上午即乘第一航班赶来广州。

然而随着时间的推移，叶欣的病情始终没有好转。不知有多少人在为叶欣祈祷，不知有多少人一上班就关切地询问“叶护士长怎么样？好转了吗？”叶欣的病情几乎牵动了所有人的心。广东省委书记张德江委托蔡东士秘书长慰问她和家属；雷于蓝副省长也在省政府副秘书长黄业斌、省卫生厅厅长黄庆道的陪同下，亲自到医院了解治疗情况。省卫生厅、省中医药管理局、广州中医药大学的领导也为抢救叶欣提供了技术、物质、器械的支持。

多少人的努力和呼唤，都没能挽留住叶欣匆匆离去的脚步！就在她最后所抢救的、也是传染给她"非典"的那位患者健康出院后不到一个星期，3月25日凌晨1时30分，叶欣永远离开了她所热爱的岗位、战友和亲人！

3月29日下午，广州殡仪馆青松厅，省中医院全体员工在这里为她做最后的送别。花圈如海，泪水如雨。遗像中，留给人们的是她永恒的微笑。

■对话

让她穿着护士服走吧。张先生深情回忆妻子叶欣的点点滴滴！

昨日（4月19日）下午4时，暮春的夕阳柔柔地洒在广州东山区一个普通居民的家里。担任某公司老总的张先生不停地抽着烟，向记者谈起他的妻子叶欣时，他都会专注地望着摆在对面桌上妻子美丽端庄的遗像。面容憔悴的张先生的眼眶不禁溢满了泪水，虽然他一直想用平和的语气来进行这场对话。

记者（以下简称"记"）：近几天，新华社和《人民日报》等媒体都发表了关于你妻子的文章和评论，你看到这些是不是更勾起了对妻子的思念？

张先生（以下简称"张"）：叶欣3月25日凌晨去世，到现在已快一个月了，可我和儿子的心情还是难以平静，我尽量不见朋友、亲戚，就想拼命工作。虽然叶欣已经离开人世了，但我还经常感觉到她的存在。对于这几天媒体发表的文章我真的感到慰藉，应该说我的妻子是一个平凡的人，但她是一个合格的共产党员。

记：你和叶欣是什么时候认识的，她给你的第一印象是什么？

张：我们是经过一位护士长的介绍认识的，那是1981年的1月，叶欣还在省中医院当护士。她给我的第一印象是随和、开朗、善良。我们很快便于当年春节结了婚，儿子今年21岁了，我们感情一直很和谐的。我以为我们的婚姻生活已经牢不可破，可她的离去彻底把这一切打破了，这对我的打击非常大。

记：当时你的妻子战斗在抗非典型肺炎的第一线，作为家属你们担心她的安危吗？她是怎么患上病的？

张：其实她和我都很清楚这种危险性，可她最让我欣赏的是她的善良和做人的准则，她当时对我说很鄙视一些临阵退缩的人，我也很赞成她的观点，我是当过兵的，我们非常明白这次也像打仗一样，只有冲上去的才是好兵。可她毕竟是以她的生命做出贡献（张先生的声音开始哽咽）。记得3月4日早上，每天早上要给我量血压的她没有起来，她说很累，可她又坚持要回单位，没想到这一去就没再回过家……

记：她病的时候你每天都去看她吗？

张：随着她病情越来越重，医生坚决不准我进去看她，为此我争取了很久，我觉得她需要我，尽管每次看她她总是让我走，戴上氧气面罩不能说话，她就打手势让我走，更不行就写纸条。我知道她这样做是怕我感染，可她是我妻子啊，为了她，感染不感染已不重要。

记：听说在叶欣遗体火葬前，你坚决要求为她换上一套护士服，你当时是想表达一种什么心情？

张：3月25日零点多，我接到医院的电话，让我马上过去一下，我当时以为医生要采取紧急措施抢救，让我去签字，可当我赶到医院，她已经去了。我当时觉得天都要塌下来了，我不相信她就这么走了，走得好快!（说到这儿，张先生已泪流满面）在她要火化前，我坚持要给她换上一套护士服，你知道吗？她是多么热爱护士这个工作，既然她是在这个岗位上倒下的，就让她穿着这身护士服走吧，我想她会特别高兴的……

2003 年 4 月 20 日《南方都市报》

后 记

生活在感恩的世界里

"凡大医治病，必当无欲无求，誓愿普救含灵之苦。不得瞻前顾后，自虑吉凶，护惜身命。昼夜、寒暑、饥渴、疲劳，一心赴救。"唐代名医孙思邈将这篇《大医精诚》冠于中医巨著《备急千金要方》之首，提倡为医者必须发扬救死扶伤的人道主义精神，"精"于专业，"诚"于品德，这样才是德才兼备的"大医"。叶欣正是由此出发，踏上了医者之路，并谨守先贤教诲，恪尽职守。她的这种"大医精诚"感动了千万中国人民。

在抗击"非典"的日子里，叶欣像一台永不疲倦的机器，把一个又一个患者从死神手中夺了回来。"这里危险，让我来吧！"叶欣默默地做出了一个真情无悔的选择，把最危险、最困难的工作留给自己。当遇到急危重症"非典"病人时，她与急诊科主任一起尽量包揽病人的检查、抢救、治疗、护理工作，自己冲锋在前，而把其他的护士挡在身后，有时甚至把自己的同事毫不留情地关在门外，不让或少让同事受病毒感染。然而，不幸的事情发生了，叶欣也被感染上了病毒。"不要靠近我，会传染。"当叶欣躺在病床上，面对前来治疗的医生时，她艰难地在纸上写道。一句简单的话语，却融化了所有见者的心。

叶欣最终还是闭上了她那双世界上最美丽的眼睛，但抗击"非典"的战争没有结束。病魔夺去了医疗战线上一位战士的生命，但是她却没有离开大家。广大医护工作者默默坚持一个信念："一定要完成叶欣未竟的事业！"全院的职工仍然保持着心中的激情，没有因为叶欣的牺牲而退缩，没有放弃自己的职责。当时，共产党员、共青团员冲在最前面，不需要任何行政手段和经济待遇来动员，就有100多人主动报名去增援一线科室。而一线科室的职工更加忘我地奋战于与病毒交锋的最前线，对抗着冷酷的死神并从死神手中抢救一个个濒危的生命……

病魔无情人有情。叶欣的事迹感动着广大人民，生活在这个感恩的世界中，读着她在没有硝烟的战斗中的经历，深深地感受到她是人杰，是天使，是英雄。我们因为有了叶欣这样"关爱他人，奉献自己"的医护人员，人性才被深深地唤醒。我们感动，感动叶欣用生命书写的美丽；我们感恩，感恩这位天使在人间的降落。

向叶欣致敬，向奋斗在抗击"非典"的一线工作者致谢！

/100位

新中国成立以来感动中国人物/

丁晓兵　马万水　马永顺　马恒昌　马海德　中国女排五连冠群体

孔祥瑞　孔繁森　文花枝　方永刚　方红霄　毛岸英

王　杰　王　选　王　瑛　王乐义　王有德　王启民

王进喜　王顺友　邓平寿　邓建军　邓稼先　丛　飞

包起帆　史光柱　史来贺　叶　欣　甘远志　申纪兰

白芳礼　任长霞　刘文学　刘英俊　华罗庚　向秀丽

廷·巴特尔　许振超　达吾提·阿西木　邢燕子　吴大观

吴仁宝　吴天祥　吴金印　吴登云　宋鱼水　张　华

张云泉　张秉贵　张海迪　时传祥　李四光　李春燕

李桂林和陆建芬夫妇　李素芝　李梦桃　李登海　杨利伟

杨怀远　杨根思　苏　宁　谷文昌　邰丽华　邱少云

邱光华　邱娥国　陈景润　麦贤得　孟　泰　孟二冬

林　浩　林巧稚　林秀贞　欧阳海　罗映珍　罗健夫

罗盛教　草原英雄小姐妹　赵梦桃　钟南山　唐山十三农民

容国团　徐　虎　秦文贵　袁隆平　钱学森　常香玉

黄继光　彭加木　焦裕禄　蒋筑英　谢延信　韩素云

窦铁成　赖　宁　雷　锋　谭　彦　谭千秋　谭竹青

樊锦诗

图书在版编目（CIP）数据

叶欣 / 黄浩苑编著. -- 长春：吉林文史出版社，
2012.12（2024.5重印）
（100位新中国成立以来感动中国人物）
ISBN 978-7-5472-1387-2

Ⅰ. ①叶… Ⅱ. ①黄… Ⅲ. ①叶欣（1956～2003）－
生平事迹－青年读物②叶欣（1956～2003）－生平事迹－
少年读物 Ⅳ. ①K826.2-49

中国版本图书馆CIP数据核字（2013）第001560号

叶 欣

YEXIN

编著/ 黄浩苑等

选题策划/ 王尔立　责任编辑/ 王尔立 李洁华 任玉茗

装帧设计/ 韩璘

出版发行/ 吉林文史出版社

地址/ 长春市福祉大路5788号　邮编/ 130118

电话/ 0431-81629363　传真/ 0431-86037589

印刷/ 天津海德伟业印务有限公司

版次/ 2012年12月第1版 2024年5月第5次印刷

开本/ 640mm×920mm　1/16

印张/ 9　字数/ 100千

书号/ ISBN 978-7-5472-1387-2

定价/ 29.80元